明恵《みょうえ》と龍になった女

谷口義介

法藏館

明恵と龍になった女＊目次

第一章　明恵と比丘尼たち……3
――京都・高山寺――

第三章　善妙の実像——中国・赤山法華院——……95

明恵と龍になった女

第一章　明恵と比丘尼たち

——京都・高山寺——

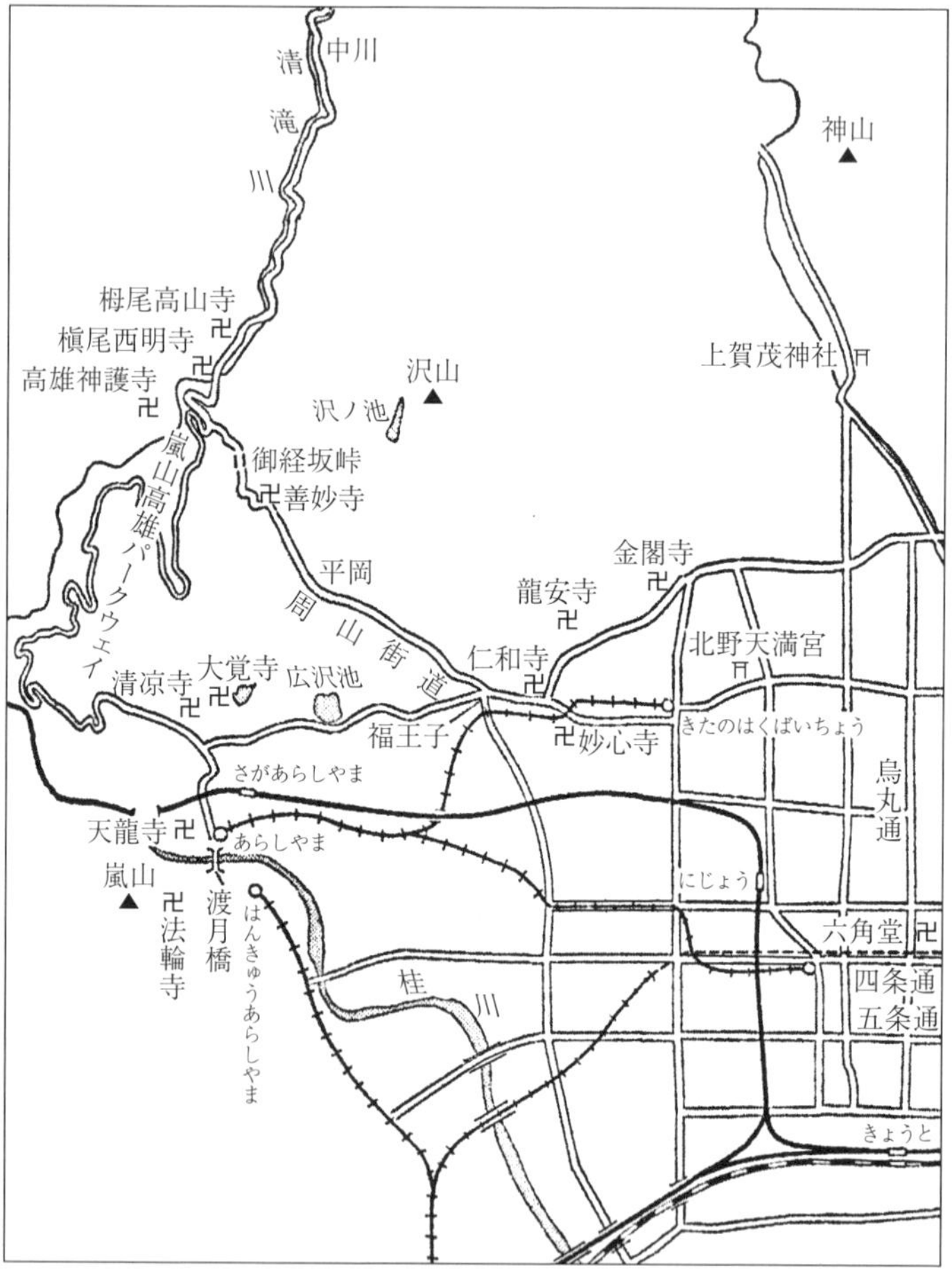

明恵関係地図
（奥田勲『明恵―遍歴と夢―』
東京大学出版会、1978年）一部修正

栂尾詣で

京都の寺は、恋に疲れた女が一人でたずねるところらしい。さしずめ栂尾《とがのお》の高山寺《こうざんじ》など、大島紬《つむぎ》に綴《つづ》れの帯をしめて……。

もっとも、山内の道は、平たい石畳はごくわずかで、おおむね粗い造りの石段だから、ドレスダウンして行くのが賢明と思われるが。

それはともかく、高山寺がとくに女性に人気の寺であることはたしかだろう。お寺の人に聞いてみると、やはり女性の参拝者が多いそうだ。

これにはしかるべき理由があって、鎌倉時代前期、すたれていた高山寺を中興した明恵《みょうえ》（華厳宗《けごんしゅう》の僧侶。一一七三〜一二三二）は、世にまれな美男子にして、情感ゆたか。女人《にょにん》もまた仏道をつうじ救われるべきことを熱心に説いた。これでは、いまもむかしもモテないわけがない。高山寺で月に二度ある法話は貴顕の子女の絶大な人気を博し、たとえば、そのころ随一の歌人・藤原定家《ふじわらのさだいえ》（一一六二〜一二四一）は、

〔家の〕禅尼《ぜんに》・女子等《ら》、密々《ひそか》に戸加之尾《とがのお》に詣《まゐ》る。

（〔　〕は筆者による）

（出家した妻や娘たちが、ひそかに栂尾に参詣した）

と、『明月記《めいげつき》』寛喜《かんぎ》元年（一二二九）五月十五日の条に記している。

ただし、明恵を拝して「仏在世の如くその場に列」したのは、「為長《ためなが》卿」や「盛兼《もりかね》・定《さだ》高《たか》両卿」はじめ「天下の道俗（出家者・在家者）」だったというから、かならずしも女性ばかりがあつまったわけではない。一代の学僧明恵の『華厳経』を中心とした講説は、論の展開が巧みで比喩がおもしろく、話題も豊富だったという。

しかし、同じく定家が、

貧者・非人遂にその教化《きょうげ》に漏《も》る。もっとも悲しく思ふ所なり。

（貧乏人や下層民が説教の場から外されているのは、大変残念なことだ）

と述べているのは見逃せない。明恵と同年生まれの親鸞《しんらん》（浄土真宗の祖。一一七三～一二六二）は、そのころ社会の下層にぞくした「屠沽《とこ》の下類《げるい》（猟師・商人）、いし、かはら、つぶてのごとき」人びとを同朋《どうぼう》（仲間）とよんでいる（『唯心鈔文意』）。明恵の法話は一般にも大人気で、人数制限せざるをえなかったらしく、そのため「貧者・非人」は「教化」の場から除かれてしまったのだろうか。

それはさておき、明恵と女性たちとの由縁には、やはり浅からぬものがあるようだ。

承久二年（一二二〇）十一月八日、明恵がみた夢に、

　此の平岡《ひらおか》の尼公《あまぎみ》等三十人許《ばか》り之を見る。此、善知識《ぜんちしき》也。

（平岡に尼たち三十人ほどがいたが、みな仏道を歩む良き友だ）


とある。平岡は洛中を出て一条街道（周山街道）を行けば北山の手前で、このさき御《み》経坂《きょうざか》峠をこえると高山寺にいたる。この地に、明恵の徳を慕う尼たちがあつまっていたのだろう。

そして三年後の貞応《じょうおう》二年（一二二三）、ここに高山寺の別院として比丘尼《びくに》寺（尼寺）が建てられた。承久《じょうきゅう》の乱（一二二一年）にかかわって処刑された公卿らの菩提をとむらうべく、その妻女などが髪を落としてつどったのにはじまるといわれるが、それ以前からこの地には、明恵を慕って尼たちがあつまっていたのかもしれない（ただしこれは、明恵『夢記《ゆめのき》』の記述をそのまま信ずれば、の話だが……）。

このたび、西園寺《さいおんじ》公経《きんつね》（前太政大臣）の古堂をもらいうけて移築し、本堂として再利用。

拝殿もあって、まずは寺院としての体裁をととのえた。高山寺からは金堂にあった快慶《かいけい》（鎌倉前期の仏師。生没年不詳）作の釈迦像を運んで本尊とし、また明恵が栂尾へ入るまえの高雄《たかお》神護寺での修行時代、師の文覚《もんがく》（真言僧。一一三九～一二〇三）からゆずられた唐本《とうほん》（中国よりもたらされた書籍・絵画）の十六羅漢の絵もここに移した。移築のための諸経費と寺の運営費は、藤原雅経（二条宰相）の未亡人（鎌倉幕府の重臣・大江広元のむすめ）が深草にある所領から年貢の一部を寄進したという（高信『高山寺縁起』）。

そして、ここが「善妙寺」と名づけられたのは、後述のように明恵の特別な思い入れがあってのことだ。晩年に近侍した弟子長円《ちょうえん》の聞き書き『却癈忘記《きゃくはいもうき》』のなかで、明恵は、

善妙寺ニ我ガ流ハ多《おほく》トマリテ候也。
（善妙寺には、わが教えを学ぶ者が多くあつまっている）

と述べている。後掲の黒川道祐『雍州府志』によれば、「宮家高貴の女子、尼となり斯の寺に住す」という。また、死の直前にあたる寛喜四年一月十一日には置文《おきぶみ》（遺言状）をさだめ、高山寺の組織・運営とともに、善妙寺の尼たちに対しても懇切な心くばりをしている。

善妙寺は、明恵という稀有な個性によって創建され、戦争未亡人らによって維持された

ので、彼女らの没後しだいにすたれたらしく、嘉元元年（一三〇三）十一月十四日の記録を最後に、内部からの消息が途絶えたという。

しかし、京都市右京区梅ヶ畑奥殿町あたりをむかしは葛野《かどの》郡善妙寺村といい、いまでもその地には善妙寺ゆかりの痕跡があるらしい。それを確認すべく、早春の一日たずねてみた。

阿難塔

京都駅からＪＲバスに乗り、周山街道（国道一六二号線）を北上してゆくと、北山杉におおわれた山がせまってくる。平岡八幡宮のあとバス停を一つすぎて、高雄学校前で下車。このあたりが梅ヶ畑奥殿町で、かつての善妙寺村とほぼ重なる。宝永五年（一七〇八）の文書に「山城国梅ヶ畑の内善妙寺村」とあり、村名の由来を正徳元年（一七一一）刊の『山州名跡志』は「善妙寺在るが故なり」と記している。

このように、いまの奥殿町に善妙寺が存在したことは、地名のほか物証もある。昭和三十一年（一九五六）、高雄小学校（当時）の建設工事中、その用地から、ほかならぬ善妙寺の宝篋印塔《ほうきょういんとう》（サンスクリット語の呪文を収める塔。のち供養塔・墓碑塔）が発見された。つ

図1−1　為因寺 宝篋印塔

まり同寺が絶えたあとその石塔のみ旧境内にのこされていたのだが、明治初年の廃仏毀《はいぶつき》釈《しゃく》の難をさけて土中に埋められていたらしい。いまは近くの為因寺《いいんじ》に移されているというので、右京区役所高雄出張所で場所をきいて、国道を北へ十分ほど歩く。

為因寺は浄土宗の寺で、安土・桃山時代の創建とか。国道の東側（右側）が谷間になっていて、谷筋を旧道（一条街道）が走っており、民家が数十軒かたまっている。ここが善妙寺村の中心だったろう。国道の路肩から見下ろすと、民家と北側の山林とのあいだに、白壁にかこまれた為因寺がある。そして、めざす宝篋印塔は、さして広くない境内の南端に立っていた（**図1−1**）。

その横に立てられた説明板から、一部分を引用しよう。

花崗岩製、高さは二・一メートル。基礎の一部が欠け、相輪も破損しているが、ほぼ完存に近く、笠四隅の突起が別石の長大なもので、外側の線が直立した古い型を伝えている。この塔は元この附近にあった善妙寺のものといわれ、塔身の正面に「阿難塔」、裏に「文永二年、乙丑八月八日造之」（一二六五）と刻まれており、善妙寺の尼僧達が釈迦の弟子阿難を供養して建立したことが知られる。

阿難《あなん》（アーナンダ）は釈迦（ブッダ）の従弟《いとこ》で、十大弟子の一人。幼い釈迦を養育した叔母が、後年ぜひとも出家したいとねがったのを、阿難が釈迦にとりつぎ、はじめて女性の出家する途がひらかれた。その意味で、阿難こそ善妙寺の尼たちにとって、もっとも感謝さるべき菩薩だったといえるだろう。阿難塔が建立されたという文永二年は、明恵が六十歳で没してから、ちょうど三十三年目にあたる。

かつて、為因寺をおとずれた白洲正子氏の『明恵上人』（〈講談社文芸文庫〉、一九九二年）にいう。

正面の塔身には、美しい書体で、「阿難塔」と記し、裏に文永二年（一二六五）の銘があるのは、その頃阿難の供養が営まれたのか、それとも、阿難をもって自認した、明恵を記念するために造られたか、石は黙して語りません。が、眺めていると、尼君達の読経の声が、どこからともなくひびいて来るようで、私は長い間木枯しに吹きさらされて、その塔の前を立ち去りかねていました。

（一六五～一六六ページ）

図1－2　善妙大明神の祠

私には、すぐそばの国道を走るクルマの騒音しか聞こえなかったが、それは当方の想像力の乏しさゆえか。

それはさておき、阿難塔は尼寺にふさわしい塔で、女人成仏を説いた明恵の三十三回忌にちなみ建立されたものとみてよいだろう。同じ形式の宝篋印塔は高山寺にもあり、こちらは定家の日記に出てきた富小路中納言「盛兼」が明恵の入滅後、その供養のため寄進したものという。

為因寺を出て、さきほど立った国道の路肩にもどると、道路をはさんで山側にのぼる坂道がついていて、間口二×奥行き二メートルほどの覆屋《おおいや》の中に祠《ほこら》がみえる（図1－2）。脇に箒《ほうき》とチリ取りが置いてあるのは、当番がときたま掃除にくるのだろう。横の石柱に「善妙大明神」とあり、社前に「雨乞御礼」としるした石灯籠が立っている。この「大明神」が善妙寺と関係があることは容易に推測できよう。

善妙寺の守り神

ところで、善妙寺に阿難塔が建てられた文永二年から数えて四十一年まえ、つまり善妙寺建立の翌年の貞応三年（一二二四）ということになるが、この年、十六羅漢像や弥勒菩薩像のほか、絵仏師成忍《じょうにん》筆の「阿難尊者像」が善妙寺の本堂に奉納されている。むろんこのときは明恵が在世しているから、その意思にもとづくと考えてよいだろう。

そして、同じく貞応三年には、善妙寺の守り神として善妙神の木像なるものが安置され、明恵によって開眼《かいげん》仏事がとりおこなわれた。

『高山寺縁起』に、平岡善妙寺のことを述べて、その条下にいう。

> 一、同寺鎮守の事
>
> 右、善妙神なる者は、新羅《しらぎ》の国の女神なり。女身《によしん》を以て華厳擁護の誓ひ有るに依り、故に勧請《かんじよう》了《おは》んぬ。
>
> 貞応三季《ねん》四月廿五日、善妙御躰《おんたい》幷びに師子《しし》・狛犬《こまいぬ》等を安置す。仏工湛慶《たんけい》作る。御躰の長さ八寸、師子の長さ九寸。同廿八日、上人、彼の拝殿に於て、始めて仏事を行なふ。

四十華厳経を開題称讃せらる。其の次に一同の講筵を設くと、云々。長日勤行す。心経を転読す。

（同寺の守り神としてまつられた善妙神というのは、新羅の国の女神である。女性の身だが華厳の教えを護るという固い誓いのゆえに、この寺にお迎えした。一二二四年四月二十五日、善妙神の木像と獅子・狛犬などを安置した。仏師湛慶（一一七三〜一二五六）が制作した。善妙神の高さは二四・四七センチメートル、獅子は二七・二七センチメートルである。同じ月の二十八日、明恵上人は善妙寺の拝殿において、はじめて仏事をとりおこなった。『四十華厳経』を称え、仏の徳をほめたたえた。そのあと一同のため説経の席を設け、終日おつとめをし、『般若心経』を読誦《どくじゅ》した）

「善妙神」云々の内容ははなはだ重要なので、のちにあらためて述べることにするが、右の文からは善妙神を勧請したおりの仏事の様子がうかがえよう。

そして、明恵の示寂後も比丘尼たちは、高山寺から善妙寺に移された釈迦像（快慶作）を中心に、阿難尊者の絵（成忍画）などとこの善妙神木像（湛慶作）を左右に配して堂内を荘厳《しょうごん》し、明恵の教えを守りつづけていたのだろう。さらに明恵の三十三回忌には、境内に阿難塔も建立したわけだ。

ところが、善妙寺の衰退にともなってのことか否かは不明ながら、釈迦像はじめ阿難尊者の絵も善妙神の木像も、ゆくえ知れずとなった。石造りの阿難塔のみが、前述したような経過をたどって、いま為因寺の境内にのこされている。

しかし、善妙神の木像なるものは、もともと二体存在していたとみられる。貞応三年に一体が湛慶によってつくられ、善妙寺に安置されたあと、翌年の嘉禄《かろく》元年（一二二五）、高山寺の側にも別の一体が奉安されている。そして、これがいまも同寺にまつられているという。為因寺で阿難塔をみたあと、こちらの方の善妙神木像を拝観するというのが、このたび高山寺行きを思い立った理由である。

高山寺細見

高雄学校前からふたたびバスに乗って、強くS字状にカーブする御経坂峠をのぼってまた下ると、まえに清滝川《きよたきがわ》の渓谷。その向こうに槇尾《まきのお》西明寺の屋根がみえる。左手には高雄神護寺があるはずだが、車窓からはのぞめず。右手に折れて、白雲橋をわたり、「栂ノ尾」バス停にて下車。

道路にそって清滝川の潺湲《せんかん》たる流れ。狭く谷に落ち込んでいる両側の山の斜面には、枝打ちされて長い肌をみせるスギの立木。北山磨丸太《みがきまるた》の名が世に知られるようになったのは室町時代というから、おそらくそのころからの景観だろうか。

高山寺には、直近では一九九九年十月末、中国・黄土高原からの緑化工作者を案内して、北山杉資料館に行っての帰りがけ、ちょっと立ち寄った。訪日団は、急勾配の狭い石段造りの裏参道をのぼって、文字どおり林立するスギの巨木と、ちょうど真っ盛りの紅葉を見ただけで、感歎することしきり。

今回は一人ということもあって、じっくり見てまわる。

道路を高雄方面に少しもどって、そこから楞伽山《りょうがさん》（明恵命名）の山裾をのぼる。こちらは表参道のコースで、車が通れるようにスロープにしてある。料金所があるが、人はいない。近年は紅葉のシーズンのみ入山料を取っているらしい。すぐ後ろに「栂尾高山寺」と書いた自然石の碑がある。富岡鉄斎（南画家。一八三六〜一九二四）の筆という。

両側に立つ大きな石灯籠をぬけたあたりは、かつて仁王門があった場所だとか。

そのさきの参道には四角い平石が十七枚、コーナーが接するようにならべて敷いてある。両側はスギの大木と笹原だが、高山寺の盛んなときには僧坊などがいく棟か建っていたはず。その前方には、急な石段が二十段ほどつづく。

のぼりきったところが金堂で、いまの建物は仁和寺《にんなじ》の御堂を移したらしく、桃山から江戸初期にかけてのものという。寛喜二年(一二三〇)、つまり明恵五十八歳のころえがかれた「高山寺絵図」(神護寺蔵)によると、本堂(金堂)の左に阿弥陀堂・羅漢堂・経蔵、右に塔・鐘楼・鎮守社がみえるが、いまは金堂のほかは存在しない。

そもそも明恵が後鳥羽院(一一八〇〜一二三九)より華厳宗興隆のため栂尾の地をたまわって高山寺を建てたのは、建永元年(一二〇六)、三十四歳のときのことだが、栂尾との関係はそれより早く、建久九年(一一九八)、二十六歳、神護寺の真言僧文覚からその地に寺をつくるよう託されたころまでさかのぼる。

荒法師として名を馳せた文覚は、俗名を遠藤盛遠という北面の武士だったが、出家して熊野で苦行のあと、高雄山神護寺を再興。政治に関心もあって、源頼朝(一一四七〜九九)の伊豆における挙兵をたすけた。じつは、この挙兵にともなう上総《かずさ》の混乱にまき込まれて明恵の父・平重国は戦死。重国と同じ紀州有田郡の豪族・湯浅宗重の娘が明恵の母にあたるわけだが、その兄つまり明恵の伯父・上覚《じようかく》(一一四七〜一二二六)が、高雄で文覚に随従していた縁もあって、九歳のとき神護寺に入った。その後、東大寺で学び、紀北にもどるなどするが、

文覚上人の教訓に依りて、上人《しようにん》紀州の庵を捨てて梅尾《とがのお》に住し給ひし始めは、此の山

に松柏《しょうはく》茂り、人跡絶えたり。松風蘿月《らげつ》、物に触れて心を痛ましめずと云ふ事なし。爰《ここ》に纔《わづ》かなる草庵を結びて、最初には上人と伴《とも》の僧と只二人ぞ住み給ひける。竹の筧《かけひ》、柴の垣、心細きさまなり。

（文覚上人の導きで明恵上人が紀州和歌山の庵をはなれ栂尾に住みはじめたときは、山にはマツやヒノキが茂るばかりで、人の足跡とてなかった。マツをわたる風の音やツタカヅラの葉のあいだにみえる月影が、ものさびしさを感じさせた。この場所に小さな庵をつくって、最初は明恵上人と伴の僧の二人だけで住んだが、水を引く竹の筧や柴の垣根のありさまも心細いばかりだった）

（『梅尾《とがのお》明恵上人伝記』巻下、以下『伝記』）

という状態だった。ところが翌年には、この『伝記』を書いた喜海をふくめ四人となり、三年後には十八人、十年のうちには五十余人にも達した、という（『伝記』巻下）。

また、高山寺の中心をなす金堂は、明恵の入山後、弟子の喜海や霊典らの努力によって完成したが、後鳥羽院をはじめ財政的な援助をする人びとも多く出て、他の堂塔もしだいにふえていった。

しかし、参詣人なども多くなって境内がなにかと騒がしくなると、明恵は建保三年（一二一五）、四十三歳のとき、べつに草庵をかまえて行法・学問にはげみ、また山中深く分け入って一人禅観《ぜんかん》を行じた。そもそも、身辺や寺内でわずらわしいことや騒動がおこると、嫌気がさして山中にかくれるばかりか、紀州・奈良・京都の範囲で他所にまで遠出してしまうというのが、つねに遁世（再出家）の志向をいだいていた明恵の行動パターンだった、という（奥田勲『明恵―遍歴と夢―』東京大学出版会、一九七八年）。

すべて此の山の中に、面《おもて》の一尺ともある石に我が坐せぬはよもあらじ。
（この山中にある三〇センチメートル四方の平石で、自分が坐禅しなかったものはないだろう）

と明恵は述べているが（『伝記』巻下）、二十年以上も明恵のそばにあった画僧成忍は、「明恵上人樹上坐禅像」をえがいて、アカマツの森のなかに融け込んだような師の姿を写し取っている。

この名画をみると、あたかも松をわたる風の音まで聞こえてきそうで、じっさい、『明恵上人歌集』には「松風」「松の梢」「松のあらし」「松のけしき」など、マツがやたらに出てくる。これに対しスギについては、「杉谷」なる地名として一カ所みえるだけだ。さきほど、いまあるような北山杉は室町以降の産物と述べたが、これらの歌によっても、それ以前の明恵の時代はアカマツがほとんどだった、と考えてよいだろう。

余談ながら、明恵はマツタケが大の好物だったが、人からマツタケ好きなどと言われるのは情けないとして、あるときからプッツリ食べなくなった、という（『伝記』巻下）。また、神護寺での修行時代、八歳のときあいついで亡くなった両親があの世から、自分の態度がたるんでいるのをみて歎いては困ると、一度も笑うことがなかったらしい（『伝記』巻上）。

さて、いまスギの巨木のもと、金堂のまえを東に少し行くと、もとの石水院跡。そのさきが明恵上人の御廟で、覆屋のなかがお墓。内側はうかがえないのであらためて写真でみると、いかにも上人らしい瀟洒な五輪塔である。かたわらに、為因寺でみたのと同じような宝篋印塔が立っているが、形式的にもこちらの方がやや古いらしい。小暗い樹下の道は下り坂となり、左側に開山堂。もと明恵が起居したところで、その没後、弟子たちによって維持されたという。

さらに石段を下ってゆくと、いまの石水院。この建物は、明治になってから現在地に移された。明恵が後鳥羽院よりたまわった学問所で、当時のままといい、国宝に指定されている。広縁に立ってながめると、前方に清滝川と畳《たた》なわる山々。早春とて、緑はまだ浅い感じだ。

ふりかえると、主室の長押《なげし》の上に、「日出先照高山之寺」と書した扁額がかかっている。高山寺という名称はこれによったわけだが、「日出《いで》て先づ照らす高山の嶺」なる一句が、明恵の所依《しょえ》する『華厳経』宝王如来性《ほうおうにょらいしょう》起品《きぼん》のなかにある。

ところで、以上のように見てまわった建物のうち、お目当ての「善妙神立像」はどこにあったか。じつは現在、高山寺には置いていないというのだ。

高山寺といえば『鳥獣人物戯画』や『華厳宗《けごんしゅう》祖師絵伝《そしえでん》』（別名『華厳縁起』）が有名だが、こうした名だたる国宝が管理上の問題もあって京都や東京の国立博物館に寄託されていることは、あらかじめ承知していた。しかし、「善妙神立像」は寺内で奉安されている、とてっきり思い込んでいた。ところが、石水院の受付で聞いてみたところ、他所にあずけて保管してもらっているという。他所というのがどこなのか、一向に要領をえない。やむをえず、「高山寺の宝物」十枚セットの絵ハガキを買った。そこに「善妙神立像」がふくまれているからだ。

そもそも、「善妙神立像」がはじめて紹介され世の注目をひいたのは昭和十六年（一九四二）のことである。その相貌は、正倉院の樹下美人像など「天平の美女」を想わせる、と美術史家の梅津次郎氏はいう。

ただ本像の相貌には樹下美人像の豊麗なる、観心寺像の妖麗なる、また浄瑠璃寺像の婉麗なるとも異つた、異質的なものが加はつてゐる。それは恐らく鍛錬された精神性とでも云ひ得るものであつて、それは又日本彫刻史上に於ける天平の写実的精神と鎌倉の写実的精神との性質の相違に通ずるものと思はれる。

（「善妙神像讃」、『明恵上人と高山寺』同朋舍、一九八一年、に再録）

この像の制作には明恵の細かい指示があったという。もとより善妙は、華厳擁護の誓いを立てた人。あえて関連づけるなら、文中にいう「鍛錬された精神性」とは、華厳の教えによって裏打ちされたものとはいえまいか。

糸野の御前

さて、善妙寺に「善妙神立像」が安置された一年後の嘉禄元年（一二二五）、高山寺では境内に鎮守として白光（中央）・春日（右）・善妙（左）の三宇《さんう》の社殿と、それぞれの拝殿を建てた。その鎮守社が本堂（金堂）の西側にあったことは、寛喜二年（一二三〇）にえがかれた前述の「高山寺絵図」（神護寺蔵）によって明らかだろう。そして、インドの白光神とともにまつられたのが、新羅の善妙神にほかならない。ちなみに春日・住吉両明神の形像は、文暦二年（一二三五）になって本堂の東側にある経蔵の前面に置かれた。

さきほど引用した『高山寺縁起』の別の箇所に、つぎのような一条がある。

一、社《やしろ》、左方北。善妙神。
新羅の国の神なり。華厳擁護の誓ひ有り、故に之を勧請す。嘉禄元年乙酉八月十六日甲辰寅時、白光・善妙両神の御躰、之を奉納せり。義林坊、上人の代官と為りて之を勤む。

（社内の左手北側に善妙神。新羅の国の神である。華厳の教えを護るという誓いを立てたので、ここにお迎えした。一二二五年八月十六日午前四時ごろ、白光・善妙両神の木像を奉納した。義林坊喜海が明恵上人に代わって供養をおこなった）

善妙寺にあったという木像とはちがって、ここには作者名も寸法も記されていないが、実測データによると、高さ三一・四センチメートルあるという。つまり、さきの『高山寺縁起』で像高八寸（二四・二四センチメートル）と伝えられる前者より七センチメートルほど高い。このように大きさも異なり、また同『縁起』によると一年ちがいの造像というから、両者が別物であることは明らかだろう。ちなみに、どちらの像も湛慶の作とする見方が強いようだ。

思うに、善妙寺に湛慶作の善妙神像が勧請された翌年、高山寺の境内に鎮守社が建てられ、そこに別の善妙神立像が奉安されたというのは、明恵によほどのこだわりがあったからだろう。先走っていうなら、この小さな木像は明恵にとって美と信仰のシンボルにほかならない。

図1-3　高山寺 善妙神立像

現存する「善妙神立像」（**図1-3**）は、木像彩色で、袖が大きく裾《すそ》は踝《くるぶし》までとどき、上前《うわまえ》・下前《したまえ》を深く合わせて着る唐衣《からぎぬ》。髻《もとどり》をゆって、瓔珞《ようらく》のたれた冠をかぶっている。やや下膨《しもぶく》れの顔立ち。小さな口と、つりあがりぎみの眼。両手で金色の蓋の小箱をささげ持っている。

じつは、この「善妙神立像」にはモデルがあったらしく、磯部隆『華厳宗沙門　明恵の生涯』（大学教育出版、二〇〇六年）第四章「湯浅宗光の妻」によれば、その女性は明恵の叔父（母の弟）・湯浅宗光の夫人「糸野《いとの》の御前」の可能性がある、と。宗光の館が紀州有（在）田郡糸野にあったので、明恵は彼女のことをこうよんでいる。つまり義理の叔母にあたり、子もあったが、明恵よりは二つ年下。明恵と彼女の双方に強い恋愛感情があった、とも同氏は推定されている。

ちなみに、宗光は湯浅七郎兵衛とよばれ、既述したように兄の上覚が頼朝と親しい文覚の弟子であった関係で、平氏の滅亡後、源氏の家人となった。信心があつく、一族をあげて明恵を支援している。宗光が、妻と甥の関係を疑っていた形跡はまったくない。

もとより明恵は生涯不犯《ふぼん》の清僧、宗光夫人は三十二歳のとき出家。明恵がみた夢の中に、「糸野の御前」「湯浅の尼公」として、しばしば登場している。そのうちの一、二を紹介しよう。

十九のときから死の前年の五十九歳まで四十年間、明恵は自分のみた厖大な夢をこまごまと書き残しているが、その『夢記《ゆめのき》』元久元年（一二〇四）二月十日夜、明恵三十一歳、

「夢に云はく」として、

屛風の如き大盤石の纔少《ざんせう》の尖《とが》りを歩みて、石に取り付きて過ぐ。この義林房等、前に過ぐ。成弁、又、同じく之を過ぐ。糸野の御前は、成弁とかさなりて、手も一つの石に取り付き、足も一つの石の面を踏みて過ぎらる。成弁あまりに危ふく思ひて、能々《よくよく》之を喜びて過ぐ。安穏に之を過ぎ了《おは》りて行き、海辺に出づ。成弁、服を脱ぎ、将《まさ》に沐浴せむとす。善友の御前、服を取りて樹に懸く。沐浴し畢《おは》りて後に、二枝の桃の枝を設けて、其の桃を折れば、普通の桃に非ず、都《すべ》て希《まれ》に奇《あや》しく未曾有之桃也。……之を取りて之を食ふ。

〈屛風のような切り立った大岩のわずかな出っ張りに足をかけ、手で石に取り付いて、ここを過ぎた。義林房喜海がまえを行き、われ〈成弁＝明恵〉もこれにつづいた。糸野の御前は、われと体を重ねつつ、同じようにしてここを過ぎた。スリルを感じながら、一方では面白く思いつつ、無事に通過した。海辺に出て、われは服をぬいで水浴びしようとすると、糸野の御前はその服を木の枝に掛けた。水から上ったあと、桃の枝から実をもぐと、それは普通の桃ではなく、まだ見たことのないものだった。……手にとって桃を食べた〉

とある。

明恵は有田郡石垣庄吉原（現・和歌山県金屋町歓喜寺）の山にかこまれたところに生まれ、糸野の地もその近くだが、神護寺や東大寺をへて二十三歳のときより数年間修行したのは、故郷に近く、湯浅湾（白上湾）にむかった栖原の白上《しらかみ》の峰（**図1-4**）。醤油の町・湯浅を紹

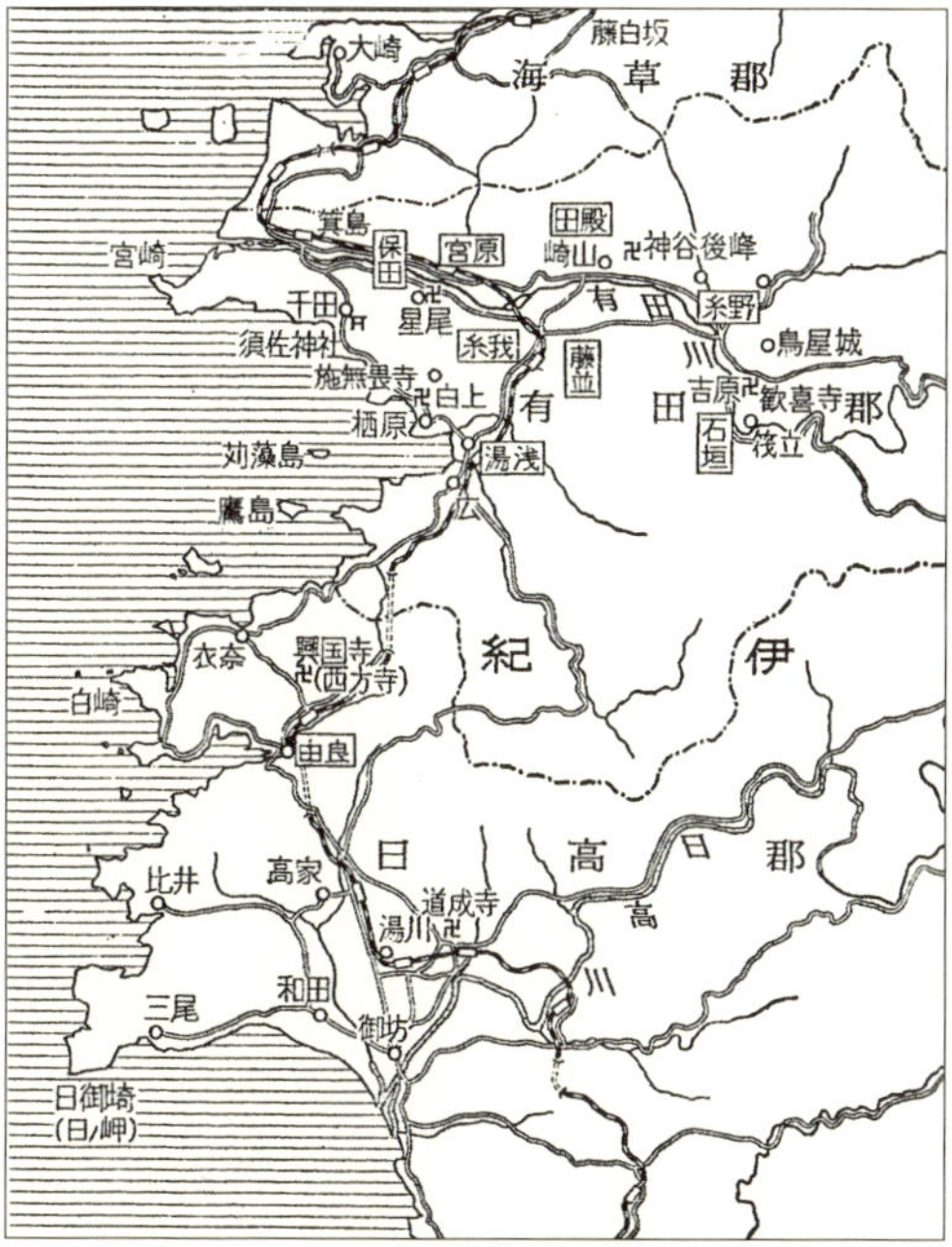

図1-4　明恵関係地図（紀州）

□で囲んだのは庄名
（田中久夫『明恵』吉川弘文館、1961年より）

介するテレビ番組をみていたら、「屏風の如き大盤石の纔少の尖」っているような岩鼻が映った。明恵の夢に出てきた海岸とは、そのあたりの磯ではなかったか。それはともかく、彼女とのボディ・コンタクトに心高ぶった明恵は、僧衣をぬぎすてて海に飛び込む。ここに象徴的な意味がありそうだ。このあと明恵はふしぎな桃の実を食べるが、桃は豊饒のシンボルとして呪的な霊力をもち、また食べるという行為は性的な交わりの暗喩でもある。

また、寛喜二年（一二三〇）三月二日の朝、明恵五十八歳、「夢に云はく」として、

> 此の糸野の御前の与ふる所の紫檀《したん》の数珠《じゆず》の緒、切れたり。其の珠《たま》散じたるを、取り聚《あつ》めて、紙に裹《つつ》みて置かむとすと見る。
> （糸野の御前がくれた紫檀の数珠の糸が切れた。四方にちらばった珠を拾い集め、紙に包んで置こうとした）

とある。このころ、糸野の御前はすでに亡くなっていたと思われるが、「紫檀の数珠」とは大切な女《ひと》の思い出の品にほかならない。いうまでもなく玉（珠）は魂《たま》であり、それが与えられるとは霊の分与を意味する。しかし、「数珠の緒、切れたり」とは、不吉なことの予兆ではなかろうか。これより二年後の寛喜四年（一二三二）、明恵は六十歳をもって示

寂した。

つまるところ、二人のあいだには生涯をつうじプラトニックな関係がたもたれたわけだが、それゆえにこそ明恵の夢の中に何度もあらわれたのだろう。

さらにいうなら、明恵にあって宗光夫人と善妙なる存在は、イメージ的に重なっているようにみえる。

春日明神の憑依

「釈迦の愛子《あいし》」たることを自認していた明恵が最初にインド渡航を言い出したのは建仁二年（一二〇二）のことだが、翌三年（一二〇三）の一月末、宗光夫人は神憑《かみがか》りとなり、その計画を思い止まらせた。このとき明恵三十一歳、有田郡保田庄星尾の宗光の屋敷に滞在中のことだ。

保田庄は糸野よりは有田川の下流で、その南岸の星尾に宗光の館があった。建仁二年の冬、宗光が石垣庄の地頭職を失ったので、明恵も糸野から星尾に移ってきたという（田中久夫『明恵』〈人物叢書〉、吉川弘文館、一九八八年、六五ページ）。ちなみに、有田川流域から湯浅にかけて勢力を張っていた宗光など在地領主の湯浅一族が、つねに明恵をささえつづけた。

さて、宗光夫人に春日明神が憑依《ひょうい》したというこの出来事は、つねに明恵の近くにいた一番弟子の喜海が「マノアタリ見聞セシトコロ」(じかに見聞きしたところ)として、『明恵上人神現伝記』に録している。

それによると、一月二十六日、宗光夫人は新しいムシロを鴨居の上に打ち掛け、そこにのぼって、

我ハ是レ春日明神ナリ。御房《ごぼう》西天ノ修行ヲ思立シメ給フ、コノ事トドメ奉ラムガタメニ降《くだ》レルナリ。

(われこそは春日明神である。なんじ明恵がインドでの修行を思い立ったので、それを止めさせようとして降臨した)


と告げて去った。

そして、三日後の二十九日、ふたたび春日明神は宗光夫人に憑依して、次のように言わしめた。

御房智慧第一ニシテ世間ニナラビナシ。……御房モ我ハ智慧第一ナリト仰セラルベシ。
（なんじ明恵の宗教的叡智は世に並ぶ者がない。……なんじ自身もそのように言っている）

つまり、明恵を「智慧第一」とする認識が、世間一般にも、また明恵自身にもあったことになる。

このあと、明神によるかなり長い託宣がつづくが、そこで一区切りつけて喜海は、

罷去《まかりさり》ナントテ、左右ノ御手ヲモテ上人ヲ横抱《よこかかえ》テ御面《おんおもて》ヲ合《あはせ》テ、糸惜《いとおし》ク思ヒ奉リ候ナリトテ、双眼ヨリ涙ヲ流シ給フ。
（明神は立ち去るまえ、両手で上人を横抱きし顔をくっつけて、「いとおしく思う」と言って、両の眼より涙を流された）

と述べている。このとき明恵も「音《こえ》ヲ放テ悲泣」（声を出して泣いた）したと喜海はしるすが、明恵をかき抱いて「糸惜ク思」うと涙ながらに訴えたのは、春日明神の姿を借りた生身の宗光夫人にほかならない。ただし、この場に居合わせた「諸人コノ事ヲ見ルニ、哀傷ニタヘズシテナキサケ」（まわりの人はこれをみて、哀しみにたえきれず泣き叫）んだとい

うから、ラブシーンではなく、一種の宗教劇としてこれをみたのだろう。「諸人」のなかには、おそらく宗光もいたはずだ。

それはそれとして、注目すべきは「智慧第一」と「糸惜し」に類することばを、はるかのち明恵がみた「善妙の夢」の中にも見出すことができるという点である。

明恵四十八歳、承久二年（一二二〇）五月二十日の夜にみた夢は、登場するメインの人物名により「善妙の夢」と名づけられている。

この夢についてはは再度とりあげることになると思うが、その中で明恵は「此の国には随分に大聖人之思《おぼ》え有りて、諸人、我を崇《をが》むる也」と、自分は日本第一の高徳の僧として人びとの崇敬をあつめている、と述べている。まさしくこれは、明恵を「智慧第一」とみなす世間の評判や自己認識と共通するだろう。また、善妙を「糸惜くせむ」という明恵のことばや、「御糸惜み有るべし」といった善妙の応《こた》えも出てくる。

このように、一方に「智慧第一」の「大聖人」たる明恵を配し、他方に「糸惜し」という心の動きを置く点で、宗光夫人の神憑り始末と「善妙の夢」は、あい似た構造をとっている。時間的にはこの間に十七年のへだたりがあるが、それだけにかえって明恵にとり、宗光夫人と善妙は通時的に二にして一なる存在であったことを意味しよう。

仮身としての春日明神像

ところで、春日明神による託宣の話は人びとの興味をひいてひろまり、それだけに尾ひれもついた。

たとえば、明恵の没後二十一年目にあたる建長六年（一二五四）になった『古今著聞集《ここんちょもんじゅう》』の巻二に、「高弁上人（明恵）例人に非ざる事並びに春日明神上人の渡天を留め給ふ事」として説話化されている。

これによると、釈迦の聖蹟をめぐろうとインドへの渡航を思い立ち、故郷の紀伊国湯浅郡へ行ったところ、春日明神が明恵の伯母（叔母）にとりついて託宣を下したが、明恵がそのことばを信じかねていると、この女は障子の鴨居の上に飛びあがって、そこに腰掛けた。この不思議なありさまをみて、明恵はインド行きを思い止まったが、神憑りした女は三日間も鴨居の上に居つづけた、と。

そして、『古今著聞集』がこの状況を「厳重ふしぎなりける事なり」（たいへん不思議なことだ）と付言しているように、この出来事から五十五年後の延慶二年（一三〇九）に完成をみた『春日権現験記絵《かすがごんげんげんきえ》』の巻十七も、この場面をクローズアップして絵画化している

図1－5　春日明神が乗り移った橘氏の女（『春日権現験記絵』巻17、『続日本絵巻大成15 春日権現験記絵 下』〈中央公論社、1982年〉より）

（**図1－5**）。

すなわち、春日明神が乗り移った「橘氏《たちばなうじ》の女《むすめ》」（宗光夫人は橘氏の出）が、障子の鴨居の上に安坐して明恵に託宣を下すという、この絵巻の中でも有名な場面だが、このあと詞書《ことばがき》の方は、

その時、鴨居より降りさせ給ふ。懐妊（妊）の人なれど、降り登り聊《いささ》かも障《さは》りなし。

（そして鴨居の上から降りてきた。懐妊中だったが、のぼり下りの動作になんの支障もなかった）

と述べている。「橘氏の女」は妊娠中で神経が異常に過敏になっていたので、神憑りになりやすい状態だったのだろう。実際の宗光夫人もたいへん繊細で感じやすい人だったらしく、少女のころから「霊物」をみることがあり、二十七歳のときの妊娠時には「邪気」におそわれ、それを明恵が加持祈禱して救っている（『明恵上人行状（漢文行状）』巻中）。春日明神による神憑りも、二十九歳のときの懐妊期間でのことだった。

このように、宗光夫人のふるまいは「厳重ふしぎな」ことにはちがいないが、ここでは絵巻中のこの「女人」の衣装の方に着目したい。それは淡紫色の袿《うちぎ》（うちかけ）という上流婦人が着る和装で、物詣《ものもう》でのときする赤い掛帯を後ろでむすんだ姿。いっぽう、明恵ゆかりの湯浅町施無畏寺《せむいじ》に伝わる「春日明神立像」は、これとは異なり、唐服を着た女神像だからだ。

ただ、それにふれるまえに、述べておくべきことがある。

さきほどの喜海『明恵上人神現伝記』によると、建仁三年（一二〇三）正月十九日、春日明神が宗光夫人にくだったとき、その顔色は水晶のように透明で、発する声も哀雅なものだったが、みずからを「翁《おきな》」とよんでいる。また、明恵に対し、「コノ翁ハ御房ニオイテ養育ノ父ナリ」（われはなんじを養育するところの父にあたる）と述べている。つまり、宗光夫人に憑依したところの明神の真身は老翁だったわけだ。

そして、「我ガ真ノスガタヲ顕《あらは》」すから、その「形像ヲ図」せと命じたので、同年二月、明恵は奈良の春日社に参詣し、四月には絵仏師俊《しゆんが》賀とともにふたたび紀州に下向して、保田庄の星尾で「御託宣ノ儀軌ニヨリテ、両大明神ノ御形像是ヲ図シ奉リ畢《おはり》ヌ」（託宣で申したとおり、春日・住吉両明神の形像を図したてまつった）と。この場合、両明神は明恵の

図1－6　施無畏寺　春日明神立像（『明恵―故郷でみた夢―』〈和歌山県立博物館、1996年〉より）

祈念に応じて降臨をたれ、明恵はそのイメージを俊賀に伝えて形像をえがかせたのだろう。いま高山寺に伝わる「春日住吉明神像」（現存作品は室町時代の写し）がそれであるという。この図絵の春日明神像は、赤い七条袈裟を全身にまとい、下衣の裾を長くたれた立像で、ヒゲをととのえた老人の姿。これはさきの託宣に出る「翁」という自称とまさしく即応している。

このように春日明神の真身は老翁とみなされていたわけだが、これに対し、いま施無畏寺につたわる「春日明神立像」は、まえにふれたように唐服を着た女性像である（**図1－6**）。同寺は、湯浅一族の本家筋にあたる景基《かげもと》が栖原の麓に建てたもので、寛喜三年（一二三一）四月、明恵は本堂の供養におもむくなど、縁が深かった。

特別展『明恵　故郷《ふるさと》でみた夢』（和歌山県立博物館、一九九六年）に、その写真がのせられている。施無畏寺蔵。木造・彩色・彫眼で、像高四〇・三センチメートル。室町時代の作という。高橋修氏による展示品解説を利用させていただこう。

明恵は南都仏教の復興者であり、藤原氏の流れを汲む湯浅氏の一族であったため、春日社・春日明神とは、もともと思想的に深い結びつきをもっていた。インド渡航計画に託宣を下してこれを阻止するなど、明恵の宗教的体験において春日明神は重要な役割を果たし、明恵もこの神格を深く信仰し有田郡において手厚く奉祭しようとしている。この作品は施無畏寺に伝来する春日明神像。境内の春日社に祀られていた神体かと思われる。檜の一本造。唐服を着けた女神像で、左手に宝珠、右手は屈臂《くっぴ》して掌を前に施無畏印《せむいいん》を結ぶが、ともに後補。髻も欠失し、同じ時期の後補である。

つまり、もともと春日明神とつながりをもっていた明恵は、インド渡航計画をはばんだ託宣を契機にますますその信仰を深め、有田郡内においてその神体をまつろうとした。いま施無畏寺に伝わる「春日明神立像」がそれである、と考えてよいだろう。

もちろん、この立像が「唐服を着けた女神像」であるのは、明神が憑依したのが宗光夫人であったことと関連しよう。おそらく宗光夫人は、『春日権現験記絵』にみるような袿姿の和装ではなく、ほんらい唐衣を身につけていたのではなかろうか。

上掲した『春日権現験記絵』が鎌倉末期であるのに対し、施無畏寺蔵の「春日明神立像」はのちの室町時代の作とされているが、両者をくらべてみると、後者の方がむしろ古色を存するように思われる。大胆に推測するなら、後者は室町期の作ではなく、鎌倉前期の建仁三年（一二〇三）、明神が宗光夫人に憑依したときの姿、つまりその仮身ということができるだろう。

二つの神像の比較

あらためて、施無畏寺の「春日明神立像」をみてみよう。

宝珠を持つ左手と、施無畏印をむすぶ右手が後におぎなわれたものであることは、写真からも明らかだ。髻も同じで、ほんらいの形は不明である。金色のヘアバンド状のものは、かぶっていた冠の残りの部分かもしれない。黒い髪が両肩までたれている。眉は少しつり上がり、眼は切れ長で、豊頬。厳めしい表情といえる。

では、このように宗光夫人を模したとみられる「春日明神立像」と、さきほどわれわれがみた高山寺の「善妙神立像」をくらべてみると、どういう違いがあるか。

「春日明神立像」が建仁三年（一二〇三）における憑依事件と関連するとすれば、その制作はそれよりさして離れていない時期だろう。前掲した『明恵上人神現伝記』によると、同年四月、明恵は春日・住吉両明神の形像を図したてまつっているが、おそらく同じころ、いわゆる春日明神の仮身も木像のかたちで制作されたのではなかろうか。

これに対し、現存の「善妙神立像」が嘉禄元年（一二二五）に高山寺に奉安されたことは記録によって明らかだが、いまは伝存しない別の一体（湛慶作）はそれより一年早く貞応三年（一二二四）、善妙寺に勧請されている。つまり、善妙神像二体の制作は貞応・嘉禄年間ということになる。「春日」と「善妙」という二つの神像のあいだには、二十年ほどの時間的開きがあると考えてよいだろう。

そこで二つの神像を比較してみると、両者とも唐衣姿という点で共通する。「善妙神」が瓔珞のたれた冠をかぶっているのに対し、施無畏寺の「春日明神」はヘアバンド状のもの（冠の残欠？）。「善妙神」が肩巾《ひれ》を足もとまでたらしているのに対し、「春日明神」にはない。髪型も、「善妙神」は裾をセットしている感じだ。もっとも目立った違いは、「善妙神」が小箱をささげ持っている点だろう。これに対し、「春日明神」は後補のものながら、左手で宝珠を持ち、右手で施無畏印をむすんでいる。全体的な印象でいうと、春日明神像の〝素朴・威厳〟と善妙神像の〝洗練・典雅〟ということになるだろうか。

このように二つの像を比較してみると、少なからぬ違いがあるように思われる。では、この二十年のあいだになにがあって、こうした違いが出てきたのだろうか。
ここで再度、明恵が承久二年（一二二〇）にみた「善妙の夢」にもどらなければならない。やや長文なので、概略して紹介しよう。

十蔵房が崎山三郎貞重（明恵のいとこ）からもらったと言って、唐から渡来した香《こう》爐《ろ》（焼物の器）を持参したので、上からのぞいてみると、仕切りがしてあって、中に「両《ふた》の亀の交合せる形」のものや、「五寸許《ばか》り（約一一センチメートル）の唐女の形」のものが入っていた。ところが、女の人形は日本に来たことをひどく悲しんでいる様子なので、訊いてみると、人形はうなずき、なおも泣きつづけた。そこで、自分は「大聖人」として人びとから敬われているので、汝を「糸惜くせむ」と言うと、女はたいそう喜んで、「然れば御糸惜み有るべし」と言って、たちまち生ま身の姿になった。ところが、この女をつれて仏事におもむいたところ、十蔵房が「此の女、蛇と通ずるなり」と言ったので、内心「蛇と婚《ま》ぎ合うに非ず、ただ此の女また蛇身あるなり」と考えていると、十蔵房も「この女、蛇を兼ねたるなり」と言った。かくするうち、夢がさめた。

交合した二匹の亀（亀自体にも性的なイメージが託されている）や、蛇と通じた女というのは、もちろん性的なものの象徴である。だから、「糸惜くせむ」「御糸惜み有るべし」というセリフには、生々しい関係が暗喩されている。また、上述のように、この夢と相い似るところの神憑りした宗光夫人と明恵の愁嘆場も、男女としての愛の表現と考えてよいだろう。

明恵は建仁三年（一二〇三）における宗光夫人との愛情交換を、承久二年（一二二〇）にみた「善妙の夢」の中で再現したとはいえないだろうか。ここでは、自分と「唐女」の関係として。

では、この「唐女」とは、いったい誰なのか。

『華厳宗祖師絵伝』

ところが、この夢がさめたあと、明恵はつぎのように付言している。

案じて曰はく、此れ善妙なり。云はく、善妙は龍人にて又蛇身有り。又、茶碗なるは石身なり。

（考えてみると、この女は善妙だ。善妙は「龍人」だから蛇の形をしているといえるし、
陶器づくりなのは「石身」だからだ）

このコメントによって、唐女の名が「善妙」であることがはじめて知られるわけだが、それにしても、明恵はどんな理由で善妙が「龍人」であり「石身」である、と解説したのか。さきに引いた『高山寺縁起』には、善妙は唐女ではなく、「新羅国の女神なり」ともあったはずだ。

そもそも、善妙とはいかなる素性の女性なのか。

善妙のことは、国宝『華厳宗祖師絵伝』の中に出てくる。

この『絵伝』は高山寺の所有だが、京都国立博物館が保管している。いま、『日本絵巻大成』一七（中央公論社、一九七八年）をながめながら、善妙の話を追うことにしよう。絵についての解説と詞書の釈文は同書所収のものを利用させていただくが、引用する釈文中の［　］（　）内は小松茂美氏が施されたものである。

さて、『華厳宗祖師絵伝』は、もと「義湘《ぎしよう》絵」四巻、「元暁《がんぎよう》絵」二巻よりなっていたが、伝承のあいだに欠失や錯簡がおこり、いまは四巻と三巻に仕立てなおされている。紙本著色で、縦三一・七センチメートル、全長七・五メートル以上の巻物形式。

内容的には、新羅華厳宗のパイオニア、義湘《ウィサン》（六二五〜七〇二）と元暁《ウォニョ》（六一七〜？）の行業をえがく。同じ宗派の始祖としてこの二人を敬仰していた明恵みずからシナリオを書いたが、「元暁絵」は明恵の弟子でもあった前出の絵仏師成忍によって、また「義湘絵」の方はより専門的な画人によってえがかれたらしい。善妙が登場するのは、このうち「義湘絵」の方である。

それによれば、最初、新羅の都慶州《けいしゅう》をたって唐にわたり、ある港町に立ち寄った美男僧義湘を一目みて、激しい恋心をいだいた富家の娘善妙。もちろん、あでやかな唐風の装いで、肩からたれる細長い薄絹の肩巾が足もとまで優雅にまつわっている。思いの丈を打ち明けるが、道心堅固な義湘に拒絶され、かえってその教えにより翻然とさとる。この場面など、宋風の描写に大和絵の技法を加えたとかで、絵巻中もっとも美しい一景となっている。

また、長安の至相寺《しそうじ》で『華厳経』を修めた義湘は、十年ぶりに帰国しようとするが、そのことを伝え聞いた善妙が、義湘のために法衣や仏具をととのえて待つ。ところが、義湘は別れを告げぬまま船出してしまい、善妙は悲歎のあまり顔をおおって泣きじゃくる。そのかたわらで、施物《せもつ》の品を入れた箱をささげ持つ侍女。この場面に、明恵はみずから「善妙、道具をもたせまいるところ」と絵詞《えことば》（画中に書き入れた文字）をそえている。

そして、絶望した善妙が港の岩頭から海に飛び込んで巨龍となり、その眼をランランと輝かせ、義湘の乗った船を背に負って、波間を勇壮に進んでゆく場面。ドラマチックな躍動感にあふれ、けだし全巻中のクライマックスといってよい。

このように、善妙は義湘の帰国をたすけるため巨龍となった。明恵が善妙を「龍人」とみなした根拠がここにある。いっぽう、「石身」については、善妙は新羅の地で「鉅石《きょせき》（巨大な石）となって空に浮かび」、義湘による浮石寺の開基に貢献している。この部分の絵は欠失しているが、それに付された詞書によって「石身」のことを知ることができるだろう。

さきにもふれたが、承久二年（一二二〇）五月二十日にみた夢よりさめて、明恵は、夢の中に出てきた唐女は「善妙」という名で、「龍人」であり「石身」である、というコメントを付した。一見不思議なこの解説は、じつは明恵が出入りの画人に描かせた『華厳宗祖師絵伝』の「義湘絵」にもとづいたものだったのである。

したがって、この絵の制作時期は、明恵がいわゆる「善妙の夢」をみた承久二年（一二二〇）より少し前か、ほぼ重なるころということになる。

そして、さらに「義湘絵」を参照しつつ、「善妙の夢」の五年後、嘉禄元年（一二二五）に現存の「善妙神立像」が彫られたことは、時系列的にいっても、また同じ善妙像を比較してみても、以下のように自明であろう。
たとえば、善妙が新羅に帰国しようとする義湘を磯辺で見送る場面。両手で顔をおおって泣く善妙は、むろん唐衣姿で、長い肩巾がゆるやかに流れている。かたわらの侍女が、かわりに小箱をささげ持っている（**図1－7**）。そして、この両人を一体に合してえがくと、**図1－3**にみるような、経箱をささげて岩座《いわくら》の上に立つ「善妙神立像」になるわけだ。しかも、小箱をささげ持った「善妙神立像」の成立には、明恵がみたつぎのような夢が関連していたと思われる。

宗光夫人の神憑りがあった三年後の建永元年（一二〇六）六月一日夜の夢に、

図1－7　泣く善妙と小箱をささげ持つ侍女
（『華厳宗祖師絵伝』巻2、高山寺所蔵）

兵衛尉《ひょうえのじょう》之許《もと》より一通の消息《しょうそこ》を得たり。彼《か》の中を開きて之を見るに、銅を以て之を造れる宝具也。即ち、是れ花厳宗目録也。傍に湯浅の尼公有りて云はく、「本は得てむ」と。心に思はく、此の兵衛尉、花厳経書写の大願有り。是、尋ね得て写したる本也。

（兵衛尉のところから手紙がきた。包みの中を開けてみると、銅製の宝具で、これは『華厳宗目録』だった。そばに湯浅の尼公がいて、「本が手に入った」と言った。内心思うに、兵衛尉はかねてより華厳経を書写するという大願があったが、これこそその本だ）（『明恵上人夢記』）

「兵衛尉」とは宗光、「湯浅の尼公」とは出家した宗光夫人である（磯部氏前掲書、九六ページ）。「銅を以て之を造れる宝具」とはどのようなものか分明でないが、装飾した銅製の箱と解しておきたい。その中に、かねて兵衛尉が書写を願っていた『華厳宗目録』が入っており、受け取った明恵のそばに宗光夫人がいて、それを確認した、というような内容らしい。

じつは、この夢には背景があって、『明恵上人行状（漢文行状）』巻中によれば、これより二年まえの元久元年（一二〇四）、つまり春日明神の降託があった一年後の正月二十九日、糸野において大明神講がもよおされたが、

其の後終夜、五教章を誦して法楽に備ふ。彼の家主の女人、聴聞の間、殊《こと》に信心を起

す。

（そのあと夜通し、『五教章』をとなえて法悦にひたった。家の主の女人＝宗光夫人は、『五教章』を聴聞するうちに、深く信心をおこした）

と。『五教章』とは、華厳宗の事実上の開祖法蔵《ほうぞう》（六四三〜七一二）があらわした『華厳五教章』のことで、華厳教学の入門書・概説書にあたる。ここに宗光夫人と華厳とのつながりを認めることができるだろう。

いっぽう、「善妙神立像」がささげ持つ小箱の中にも、華厳の経典が入っていたと想定できる。なんとなれば、善妙神が高山寺に奉安されたのは、「華厳擁護の誓ひ有るに依」ってだからだ。

先述したように、約二十年をへだててつくられた施無畏寺蔵の「春日明神立像」と高山寺の「善妙神立像」とは、同じく唐衣姿の女性像ながら、経箱をささげ持つか否かという点で大きな違いがあった。こうした相違は、この間に、明恵がみた「湯浅の尼公」の夢と、明恵がえがかせた「義湘絵」の影響によってもたらされた、と考えられる。そしてこの背景には、宗光夫人の内面における華厳の教えへの目覚めがあった。この意味でこそ、彼女は「善妙神立像」のモデルとなりえたのだ。

以上の経過を時間軸にそって整理しておこう。

建仁三年（一二〇三）――春日明神の宗光夫人への憑依
同　年（?）――「春日明神立像」制作
建永元年（一二〇六）――「湯浅の尼公の夢」
承久二年前後――「義湘絵」制作
承久二年（一二二〇）――「善妙の夢」
貞応二年（一二二三）――善妙寺建立
同三年（一二二四）――善妙寺へ湛慶作「善妙神像」勧請
嘉禄元年（一二二五）――高山寺へ「善妙神立像」奉安

「義湘絵」の材料

ところで、「義湘絵」と「元暁絵」の二つからなる『華厳宗祖師絵伝』は、じつは明恵のオリジナルではなく、元となるネタ本が存在した。北宋・賛寧《さんねい》の『宋高僧伝』（高僧の伝記を集めたもの）に収められた「唐新羅国義湘伝」と「唐新羅国黄龍寺元暁伝」がそれで、明恵はこれにもとづいてシナリオを書き、これが絵画化されて「義湘絵」と「元暁絵」になったのだ。

ちなみに「元暁絵」の制作は、「義湘絵」より後の安貞二年（一二二八）と推定されている。この年、明恵は『光明真言土《こうみょうしんごんど》沙勧信記《しゃかんじんき》』上・下をあらわしているが、上巻にみえる元暁に関する記述と「元暁絵」の詞書がよく似ているからだという。

さて、その『宋高僧伝』三十巻は、九八八年、北宋第二代の皇帝太宗《たいそう》に捧げられた。おりしも中国では出版文化の勃興期とて、おそらく手書きの写本ではなく、木版印刷による刊本のかたちで流通。高麗《こうらい》朝・義天《ウイチヨン》（朝鮮天台宗の開祖。一〇五五～一一〇一）が編集した『新編諸宗教蔵総録』に『宋高僧伝』の名がみえるというから、朝鮮半島には原著ができて約百年後、おそくとも十一世紀後半ごろまでには伝わったと考えてよいだろう（八百谷孝保「新羅僧義湘伝考」、『支那仏教史学』三巻一号）。

日本への伝来については、法然（一一三三～一二一二）が同書を常日ごろ傍らに置いて愛読していたらしいが、前述したように一二二〇年、明恵は「唐新羅国義湘伝」に登場する善妙の夢をみている。印刷本とはいえ日本に何部も入ってきたとは思えないので、法然がのこした『宋高僧伝』を入手し、熟読したのかもしれない（あるいは、そのころ屈指の蔵書を誇った東大寺尊勝院で別本を書写したか）。

この本の中で、明恵は華厳宗の義湘と元暁に興味をもったわけだが、とりわけ注目したのは、義湘による華厳の布教を手助けした善妙の献身的な行動である。明恵の詞書にいう。

［彼］の大師を讃《ほ》め奉る文には、介鱗《かいりん》、［船］を負（ひ）て、疾《と》く海瀾を渡る。鉅石、空に浮［か］［び］蔽《おほ》ひて、寺山を守ると言ゑり。この［事に］［依］りて、浮石大師の名を得給へり。

（義湘大師をたたえた文には、「介鱗〈龍〉船を負ひて、疾く海瀾〈海〉を渡る。鉅石、空に浮かび蔽ひて、寺山を守る」とある。このことによって、義湘は浮石大師の名を得た）

善妙は、巨龍となって帰国の船を背に負い、巨石と化して寺をまもり、義湘の布教をたすけた。むろん、この二つの行動は「義湘伝」にも記されている。ところが、その「義湘伝」には、義湘が「海東《かいとう》（朝鮮）華厳の初祖と号す」とは書いてあっても、「浮石大師」という名はまったく出てこない。つまり、明恵の詞書に出る「（彼）の大師を讃め奉る文」とは、『宋高僧伝』「義湘伝」ではなく、別の文献ということになる。あとで詳述するように、高麗朝・文宗（在位一〇四七～八三）のときの朴寅亮《バクインリヤン》「海東華厳始祖浮石尊者讃」

（『円宗文類』巻二十二）に、善妙のことを述べて、「金鱗　鑑を負ひ、海瀾を利渉す」（金鱗＝龍が船を背に負い、海を渉った）とあって、上掲の「介鱗、〔船を〕負（ひ）て、疾く海瀾を渡る」と類似の句がある。明恵はおそらくこの文献をみていたのだろう。

あらためて「義湘絵」の成立過程についてまとめてみると、明恵は承久二年（一二二〇）、いわゆる「善妙の夢」をみるまでに、『宋高僧伝』と「浮石尊者讃」にもとづき、「義湘絵」の構想を立て、専門の画人に絵をえがかせ、みずから詞書も書いた。

このようにして「義湘絵」は完成するが、そこにえがかれた善妙を、明恵はどのようにあつかったのだろうか。いうまでもなく、これはあくまで明恵の顕在意識の次元の問題である。

前述したように「善妙の夢」は生々しい要素をおびているから、明恵の潜在意識にあって、善妙は性的な対象であったといえるのだが……。そのことは、また後述しよう。

女弟子から女神へ

明恵は「義湘伝」を利用しつつ「義湘絵」につける詞書を書いているが、義湘と善妙の出会いの場面で、じつは大幅な加筆・潤色をほどこしている。小松茂美氏の釈文と拙訳によって紹介しよう。

善妙といふ女人《にょにん》あり。貌《かたち》美《いつく》しき聞こえ高し。義湘、又美容の人なり。……善妙、これを見て、媚《こび》たる眉《まゆ》をあげ、巧みなる声を出《いだ》して、法師に申して曰く。「法師、高く欲境を出《いで》て、広く法界を利す。清くその功徳を渇仰《かつごう》し奉るに、尚、色欲の執着抑へ難し。法師の貌を見奉るに、我が心、忽《たちま》ちに動く。願はくは、慈悲を垂れて、我が妄情［を］遂げしめ給へ」と言ふ。法師、この言葉を聞き、その粧《よそほ》ひを見るに、心堅きこと石の如し。慈悲を垂れて、答へて曰く。「云々」と。善妙、この言葉を聞きて、忽ちに道心を発す。

〈善妙という女人がいた。その美貌で有名だった。義湘もまた美男子である。……善妙は義湘をみると、媚をふくんだ表情で、甘い声を出して言った。「法師さまは欲望の次元を超えて、広く真理の世界を照らしておられる。自分はその限りない功徳を尊敬しているが、一方で色欲の執着を抑えられない。法師さまのお顔をみるにつけても、わが心はそぞろに動く。どうか私に情けをかけて、願いをかなえて下さりませ」と。しかし義湘は、女の求愛を聞き美しい姿をみても、心は石のように固い。かえって、より高い境地から慈悲をたれて答えて言った。「云々」と。善妙はこの言葉を聞いて、たちまち仏道を求め

る心をおこした）

ところが、「義湘伝」でこの部分に相当する箇所は、

少女の麗服して靚粧《せいしよう》する有り、名を善妙と曰ふ。巧媚をこれ誨《しめ》すも、〔義〕湘の心石のごとくにして転ずべからず。女調《あざけ》るも答へられず。頓《とみ》に道心を発す。

（〔　〕は筆者による）

（華美な服を着て、濃い化粧をした少女がいた。名を善妙という。義湘をみて巧みに媚びたが、義湘の心は石のように固くて揺るがない。そこで女は義湘をあざけったが、義湘の道心堅固なのをみて、ただちに仏道にめざめた）

となっているだけだ。

つまり、「義湘伝」の方には引用したようなセリフはなく、上掲した「義湘絵」の詞書はこの場面に明恵が意識的に付け加えたものなのだ。明恵もまた「容色挺抜《ていばつ》」（「義湘伝」）な義湘と同じく「美麗」をもって聞こえていたから（『伝記』巻上）、詞書にあらわされたごとく女たちから迫られることがあったにちがいない。

さらに「智慧第一」にして「大聖人」と世間から評され、自身そう思っていた明恵は、「高く欲境を出でて、広く法界を利す」る義湘に、みずからを重ねている、とみて間違いない。そして善妙は、明恵により「この言葉を聞きて、忽ちに道心を発す」べき存在として位置づけられている。

しかし、善妙はいつまでも義湘によって仏道にめざめた女弟子たるにとどまるものではなかった。物語が展開するにつれ、彼女は海に投じて大龍となって義湘を故国に送りとどけ、新羅の地では巨石と化してその布教をたすけることになる。明恵の内面に即していえば、このとき善妙は導師たる義湘をこえる存在となった。明恵は義湘を新羅華厳宗のパイオニアとして尊敬しているが、神としてまつったのはあくまでも善妙の方だったからである。

いわゆる「善妙の夢」の三年後、善妙寺建立。その四年後、同寺に「善妙神像」勧請。さらにその翌年、高山寺に「善妙神立像」奉安。

すでに一度かかげたが、『高山寺縁起』にいう。現代語訳はそこに付記したので、ここでは省略しよう。

善妙神なる者は、新羅の国の女神なり。女身を以て華厳擁護の誓ひ有るに依り、故に勧請了んぬ。

若年より密教を学び、華厳の密教的実践をこころみた明恵は、のち厳密《ごんみつ》（華厳密教）の祖とよばれて旧来の華厳宗とは一線を画するが、自著の奥書にしばしば「華厳宗沙門」と記しているように、華厳の徒たることを自認していた。それゆえ「華厳擁護の誓ひ有る」善妙が、善妙寺や高山寺に勧請・奉安されたのだ。

しかし、その場合とくに「女身を以て」とされている点が注目される。

善妙寺の尼僧たち

いうまでもなく、「女身」が強調されているのは、はじめ善妙神をまつったこの寺が尼寺だったからである。善妙寺は承久の乱で死んだ夫らの菩提をとむらうべく建てられたが、悲運にあった未亡人たちの勤行の場所でもあった。

そして、このことから考えると、善妙を主人公とした「義湘絵」は、明恵が同寺につどった女性たちを主たる対象に絵解きしたとき用いられたのではないか。詞書の末尾で、明恵は「善妙、帰法の験《しるし》は、図絵に表すに足れり」と述べている。

たとえば、「義湘絵」のメインテーマである善妙の翻心と献身。上掲の引用文では「云々」と略した部分にあたる詞書をここで紹介すると、善妙は、義湘が、

我は仏戒を守《まぼ》りて、身命《しんみょう》を次にせり。浄法を授けて、衆生《しゅじょう》を利す。色欲不浄の境界、久しくこれを捨てたり。汝、我が功徳を信じて、長く我を恨むこと勿れ。

（われは仏の戒めを守って、この身といのちは次とした。人びとのために仏の法《のり》をさずけ、恵みをあたえた。色欲によって汚れた世界は、捨て去って久しい。なんじはわが功徳を信じて、恨むことのないように）

と説くのを聞いて、「忽ちに道心を発す」る。しかし、さすがにこれでは安直すぎるとみたのだろうか、詞書はつぎのように解説する。つまり、「愛に親愛・法愛有り。法愛は一向に潔《きよ》し、親愛は染浄（「汚」か）に近せり」と分類したうえで、

今、善妙、先には有染《うぜん》の貪心《とんしん》を発《おこ》すと雖も、後には無染の愛心を発せり。

（善妙は以前には汚れたむさぼり心をもっていたが、のちには浄《きよ》い愛の心をいだくようになった）

と説明を加える。たとい愛欲・肉の欲に発したとしても、それは精神的に純化された宗教的愛に変わりうるのだ、と。

詞書はまた、善妙が師となった義湘の高徳をいかばかり慕ったとしても、「大龍となりて人を追ふ［事］、いといと夥《おびただ》し。執著（＝着）の咎《とが》には非じや」（大龍と化して人を追いかけるなど、執着心のもたらす罪ではないか）と疑問を設定したあと、「答（へ）て曰く」として、

これは、大願により、仏菩薩の加護を受けて、仮に大龍となる。深く師の徳を敬重し、仏法を信ずるに依りてなり。

（善妙の場合は仏・菩薩の加護をいただいて、それにより大龍の形をあらわした。これは、深く師の徳をうやまって仏法を信じたからだ）

という。この詞書は、自問自答の形式をよそおってはいるが、明恵がこの絵をまえに解説したさい、その場の聴聞者とのじっさいの問答だったとみてよいだろう。

このころ明恵の活動の中心は主に高山寺で、外部の出家者・在家者を対象とする毎月十五日と晦日《みそか》の法話のほか、寺内の弟子をまえに華厳経関係の講釈や、また著述もおこなっ

ている。

こうした折柄、善妙寺が建てられた翌年の貞応三年（一二二四）、春に善妙神像などを安置したあと、秋ごろ、

起《き》信論《しんろん》筆削記《ひっさくき》コレヲ談ジテ、善妙寺ノ鎮守講ノ配文トス。
（『大乗起信論筆削記』を善妙寺における鎮守講のテキストとした）

と、『明恵上人行状（仮名行状）』下にみえる。善妙寺で用いられた書物は、前年十二月、高山寺において喜海・高信などの高弟に伝授したのと同じものだ。

これ以後も明恵は、時に応じて高山寺から御経坂峠を小一時間かけて下ってきて、尼たちを教導することがあった。

最晩年の弟子・長円に、明恵はこう語っている。

善妙寺ニ我ガ流ハ多《おほく》トマリテ候也。申事ドモ、ソライタラデ、カマヘテタモタムトシアヒテオハシマスガ故也。菩薩戒本疏ナドゾ、相応シテ〔テは衍字ヵ〕タル尼衆ノ学問ニテ候ガ、アマリニヒタクチナル所ドモアリテ、ソノハゞカラハシサニ、エヨマヌ

也。

（善妙寺には、わが教えを学ぶ者が多くあつまっている。わが話すことをそらさないで、しっかり心に受け止めようとしているからだ。『菩薩戒本疏』は尼衆が学ぶのにふさわしいが、あまりに直接的な言い方があるので、その点を憚《はばか》って、あえて読まない）

（『却癡忘記』上）

つまり、善妙寺につどった尼たちは真面目に修行している。法蔵の『梵網経《ぼんもうきょう》菩薩戒本《ぼさつかいほん》疏《しょ》』には大乗の菩薩が守るべき戒律が説かれているので尼たちにふさわしいが、露骨な言い方があるので、避けて読まない、と。じっさい、その巻三の婬戒《いんかい》の記事には性的に露骨な表現があるらしい。善妙寺の尼たちに対する明恵の配慮をうかがうことができるだろう。

明恵が六十歳で示寂したのは、寛喜二、三年とつづいた未曾有の大飢饉が四年（一二三二）に入ってようやく収まりはじめた一月十九日のこと。

それより約半年後の貞永元年（四月二十三日改元）の夏から秋にかけて、善妙寺では、高山寺尼経《あまきょう》とよばれる『六十華厳経』の書写が完成に近づいた。各巻の末尾には、それぞれ書写しおわった年月日と、担当した尼たちの名が記されている。

そもそも、高山寺における『華厳経』の如法書写（決まりの如く精進加行して書写すること）は、承久三年（一二二一）、十忍房玄春という尼僧の発願によりはじめられた。いうまでもなく善妙寺のスタートはこれより二年後の貞応二年（一二二三）だから、玄春は善妙寺の尼ではない。既述したように承久二年（一二二〇）、明恵がみた夢に出てきた「善知識」＝「平岡の尼公等三十人許り」のうちの一人であろうか。それはともかく、このときの書写は高山寺の僧十人が一人四巻あて、唐代に般若三蔵（プラジュニャー）が訳した『四十華厳経』（『華厳経』の「入法界品」のみ）に対しおこなった。

いっぽう、これより十一年後に書写された『六十華厳経』というのは、東晋時代に仏駄跋陀羅（ブッダバッタラ）が漢訳したもの。その書の奥書には、真覚・明達・弁知・性明・戒光・明行・禅恵・信戒・理証という九人の署名をみることができる。このうち身元がわかっている尼衆は、

戒光………権中納言藤原（中御門）宗行の室・権中納言藤原兼光のむすめ
明達《みようたつ》………山城守佐々木広綱の妾《そばめ》・左衛門少志宗之のむすめ・勢多伽丸《せたかまる》の母
性明………左衛門尉後藤基清（西行の甥）の妻・基成の母
禅恵《ぜんえ》………権中納言藤原光親の室経子《つねこ》・右大臣藤原光俊のむすめ・順徳天皇の乳母
理証………光親卿の妾・八幡別当成清法印のむすめ・丹後守光氏の母

の五人で、いずれも承久の乱における戦争未亡人だった。

そもそも、承久三年（一二二一）五月、後鳥羽院による北条義時（一一六三～一二二四）追討にはじまったこの乱は、鎌倉幕府側の圧倒的な軍事力によってあっけなく終結。後鳥羽・順徳・土御門の三上皇は配流となった。多くの公家が命を失ったが、首謀者の一人・藤原宗行（元蔵人頭・参議正四位下）は七月十四日、鎌倉へ連行される途中の駿河国藍沢原《あいざわがはら》にて誅殺、時に四十七歳。

京で悲報に接した宗行夫人は、かねて帰依していた明恵をたよった。敗れて栂尾に逃げ込んだ院側の官兵をかくまったため六波羅《ろくはら》（鎌倉幕府が京都守護職にかわって置いた機関）に引かれたが、その長である探題《たんだい》の北条泰時（一一八三～一二四二）に面談し、逆に説諭したという明恵の果敢な行動を知ったからだろう。夫人は出家して、戒光と名乗った。この人が善妙寺の願主ということになる。

また、夫・広綱が後鳥羽院の西面の武士だった明達は、夫を殺されたばかりでなく、十四歳になる息子・勢多伽丸も首を斬られた。『吾妻鏡』（第二十五）によれば、「顔色花麗」つまり花のごとき美少年だったという。絶望のあまり、洛西の桂川に身を投げようとしたが、人に救われて栂尾にいたり、明恵のもとで髪を下ろした。

こうした経歴をもつ明達だったが、担当分の書写がおわったあと、その奥書に、

貞永元年七月八日未《ひつじ》時、書写了《おは》んぬ。比丘尼明達
（一二三二年七月八日午後二時ごろ、書写おわる。比丘尼明達）

と書いて、その夜、清滝川に入水《じゆすい》した。明恵のあとを追っての覚悟の自殺だったが、形のうえからみると彼女の入水は、あたかも遠ざかる義湘の船を追って海に投じた善妙の話を思わせる出来事である。もちろん彼女は、善妙の話を明恵の絵解きで知っていたにちがいない。

明恵プロデュースの「義湘絵」において事実上の主人公としてえがかれた善妙は、明恵の夢にあらわれたばかりか、じっさいに善妙寺や高山寺で「新羅国の女神」としてその木像がまつられた。

では、当の新羅では善妙はどのような扱いをうけていたのか。

慶尚北道・栄州の浮石寺には、いまでも善妙尼像というのがあるらしい。

第二章　浮石大師義湘——韓国・浮石寺——

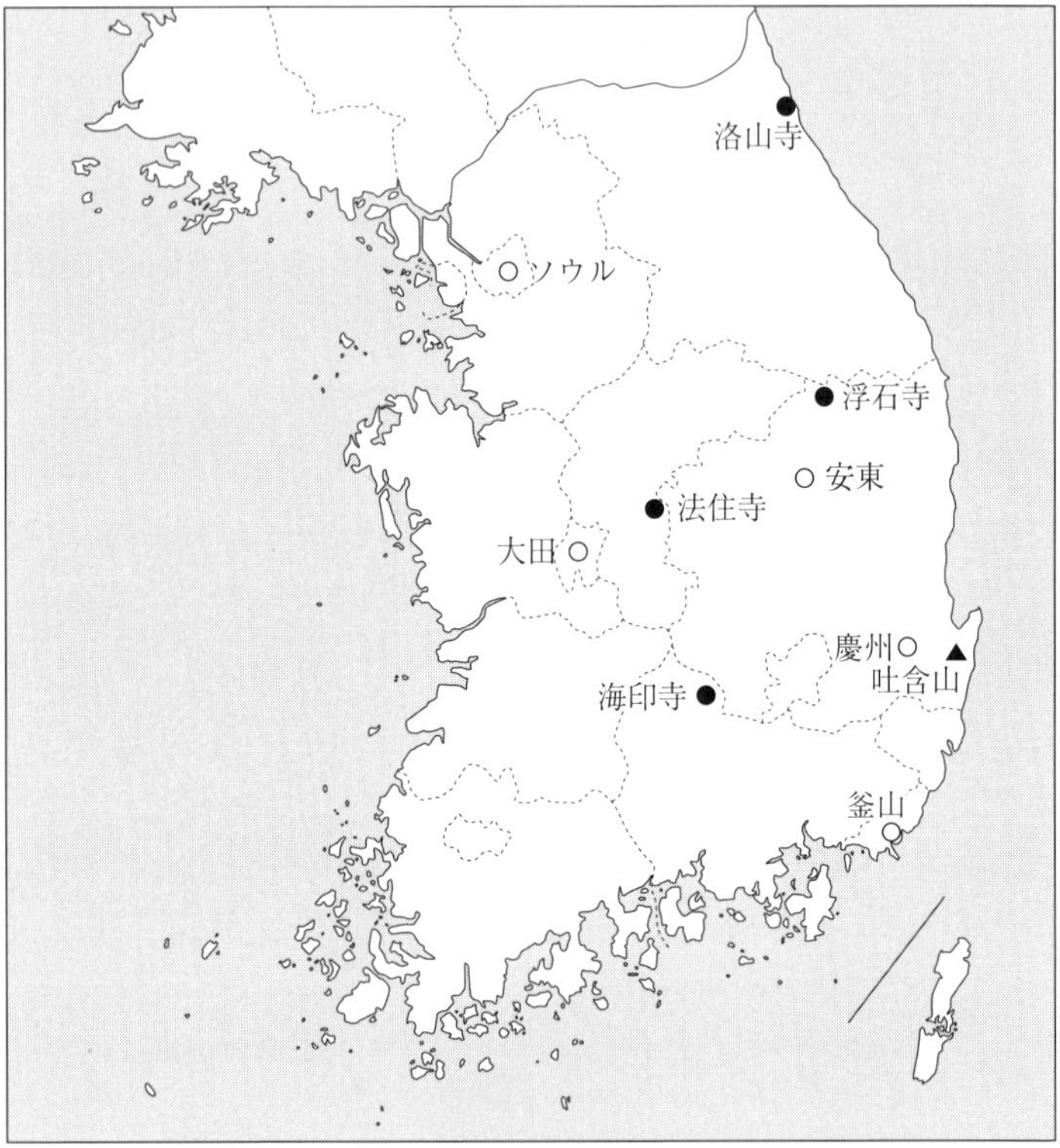

韓国関係地図

韓国初訪

二〇一一年三月十八日から二十二日までの五日間、はじめて韓国に行った。

考古学ツアー専門の旅行社が企画した「韓国　仏教美術の旅」というのに、浮石寺《プソクサ》がふくまれていたからだ。朝鮮半島東側の中ほどを占める慶尚北道では、新羅《シルラ》の古都慶州《キョンジュ》や、両班《ヤンバン》（社会的特権身分）の村で有名な安東《アンドン》をまわることはあっても、さらに北上して栄州《ヨンジュ》の浮石寺まで脚をのばすツアーはそんなに多くない。よい機会だと思って申し込んだ。

ところが、出発準備中の三月十一日、東日本を中心としたマグニチュード八・八（のち九・〇と公式修正）という超巨大地震による未曾有の大災害がおこった。「東北沿岸一五〇キロ壊滅的被害」、「死者・不明一五〇〇人超」（「朝日新聞」大阪本社版、十二日〈土〉夕刊の大見出し）。数日後も、福島第一原発の各号機は、制御不能の状態がつづく。

日本列島全体が息をひそめるような自粛ムードのなか、のんびり海外旅行などと気がとがめたが、予定どおり参加。添乗員のほか、同行者八名で、やはりキャンセルが三名おられた。

清州から栄州へ

三月十八日午後二時ごろ、忠清北道の清州《チョンジュ》空港より入国。仁川《インチョン》―ソウルという正面玄関からではなく、地方空港からこっそり入るというのも私好みだが、じつは半島の中央部に位置する清州は、百済《ペクチェ》（?～六六〇）・高句麗《コグリョ》（?～六六八）・新羅（三五六～九三五）が争った戦略上の要地。それゆえ、最初におとずれた清州国立博物館は、三国時代の文物が充実している。

ここで三国の消長につき一言しておくなら、そもそも朝鮮半島では、四世紀の半ば以降、北部の高句麗、南西部の百済、東部の新羅が三百年ほど鼎立するが、より正確にいうと、東南部に伽耶《カヤ》（加羅）諸国も存在した。はじめ遊牧騎馬系の高句麗が優勢で、ついで海洋国家百済がおこり、最後に新羅が統一をはたす。三国抗争のなかで高句麗が本命、百済が対抗馬の位置にあり、新羅はいわばダークホースだったが、最終的な勝利者となった。

さて、清州国立博物館のあと、クルマで二十分ほどで清州古印刷博物館に。世界最古の金属活字といわれる高麗時代（九一八～一三九二）の「直指《ちょくし》」が展示されていたが、ここで元館長という敦厚《とんこう》な老紳士より、東日本大震災で亡くなられた人びとに対する心のこもった弔意をうけた。日本語の堪能なお方であった。

翌日、清州をたって、比較的なだらかな俗離山《ソクニサン》自然公園を峠越え。盆地に出ると、李氏朝鮮（一三九二～一九一〇）より正二品の位をたまわったという樹齢六百年の古松があり、ここで小憩。そのあと、俗離山より流れ出た小川にそってコナラやカエデの森をぬけ、橋をわたると、法住寺《ポプチュサ》（五五三年創建）の一柱門《いっちゅうもん》。左右二本の柱で屋根を支えているのだが、真横からみれば一本の柱にみえるので、一柱門というらしい。朝鮮独特の山門で、いわば神社の鳥居の役目をはたす。参道は金剛門をへて、さらに天王門までつづくが、そこに義援金をつのる箱が置いてあり、ウォン（韓国の通貨）を投ずる参拝客もお見かけした。寺には木像建築や石造彫刻など国宝が多い。

午後、中原弥勒里寺址《チュンウォンミルンリサ》（新羅時代、石仏立像・四層石塔）、月岳山《ウォルスサン》国立公園内の徳周寺址《トクチュサ》（新羅時代、磨崖仏が有名）などをまわる。

三月二十日。六時起床。七時朝食、八時出発。あいにくの小雨。午前中は河回村《ファヘチョン》（両班の村）の見学。

午後、儒教文化博物館、ついで朱子学者・李退渓《イテゲ》（一五〇一～七〇）ゆかりの陶山《トサン》書院に。いうまでもなく李朝五百年では、儒教が支配思想で、仏教は弾圧された（興儒廃仏政策）。そのため平野部の寺院は山奥に追いやられたというが、それ以前の三国・高麗時代から現在にいたるまで、山間にありつづけた名刹も少なくない。陶山書院のあとたずねた鳳停寺《ポンジョンサ》もその一つで、天燈山《チョンドウンサン》の南麓にあり、新羅時代の創建。夕刻、泥川洞《イチョンドン》石仏像（高麗時代の磨崖仏）を見にゆくが、修理中だった。夜八時、豊基《プンギ》泊。

念願の浮石寺に

翌二十一日の午前、念願の浮石寺をおとずれた。

浮石寺は、北西の太白《テベク》山脈につらなる小白《ソベク》山脈の、その支脈をなす鳳凰山《ポンホアンサン》の中腹に、南面して建てられている。そのため、太白山浮石寺とも、鳳凰山浮石寺ともいう。義湘がここから折り紙の鳳凰《ほうおう》を飛ばし、それが三〇キロメートル南の鳳停寺に停まったという。

チケット売り場の横にある案内板によって伽藍の配置が大観できるが（**図2-1**）、山の斜面を段状にけずって、それぞれに寺閣を建てているようだ。少し歩いて山裾から遠望すると、山門や楼閣が中腹まで層々とつらなっているのが看て取れる。

ゆるやかな参道をのぼってゆくと、道幅いっぱいに大きな一柱門が立っていて、扁額には「太白山浮石寺」と書いてある（**図2-2**）。裏側には、「海東華厳宗刹」と。すなわち浮石寺は、朝鮮における華厳宗の総本山なのだ。

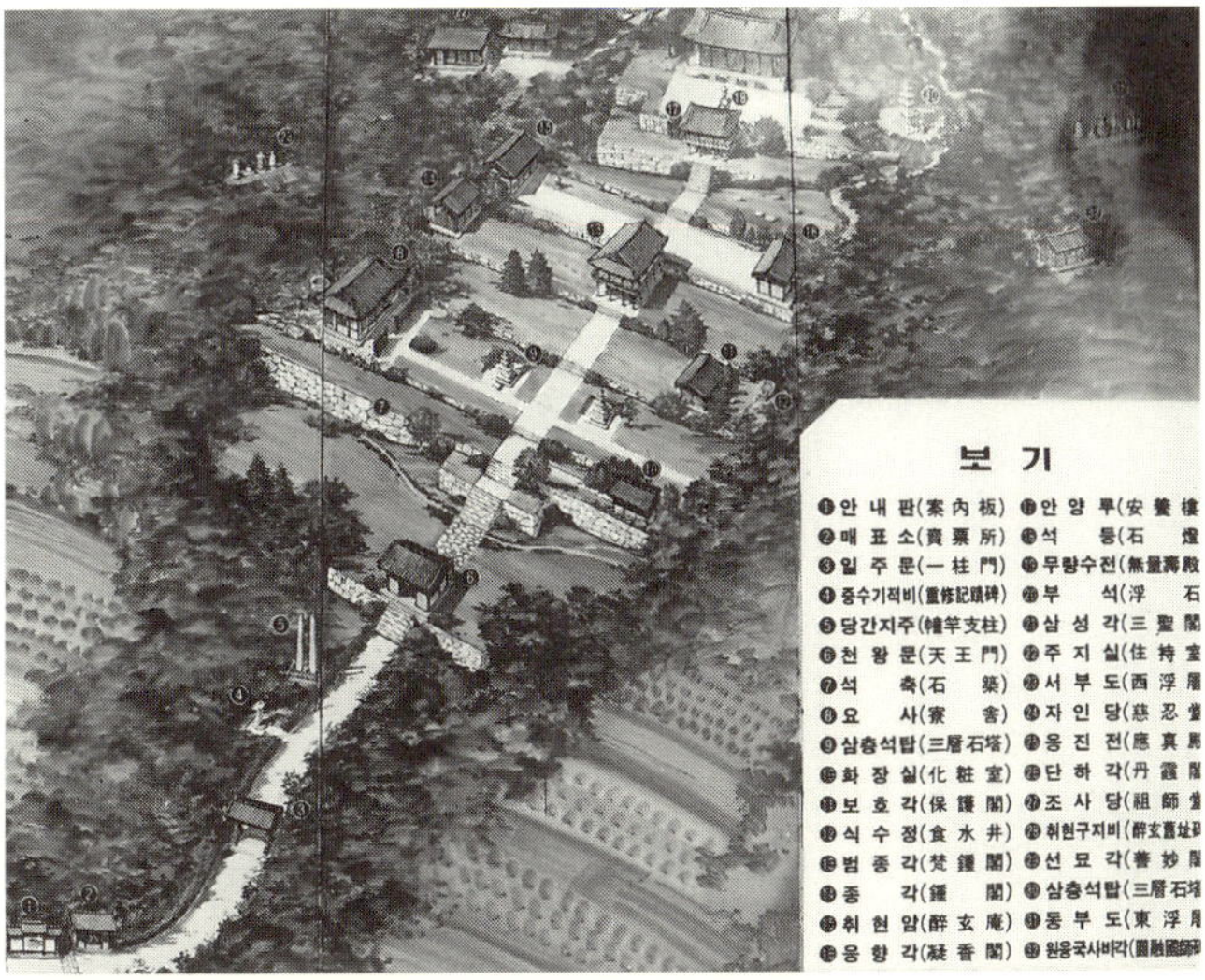

図2－1　浮石寺 全景（案内板）

図2－2　浮石寺 一柱門

このあと、行事のさい旗ノボリを立てたり仏絵をつるしたりする石の幢竿支柱《とうかんしちゅう》のあいだを通り、金剛門をくぐって、護法神の四天王がまもる天王門をぬけると、巨石積みの石段が目に入る。二層構造で、あたかも城壁のような威圧感あり。おとといみた月岳山の石垣山城もそうだが、ここでも高度な石造技術が用いられている。

このつぎが安養《あんにょう》門だが、巨石を積み重ねた楼閣式なので、安養楼ともいわれる。安養とは極楽のこと。つまり、これまでいくつかの門を通りぬけ、しだいに高きにのぼるにつれて、極楽浄土に近づくというわけだが、石段は百八段あるそうだから、百八つの煩悩を捨て去って、悟りの境地に達したことにもなる。現世における悟りの境地が、そのまま極楽ということなのだろう。

安養門の後ろが、ようやく浮石寺の本殿たる無量寿殿。正面五間×側面三間の単層入母屋造りで、軒は反り返り、柱はエンタシス様式。前日の午後おとずれた鳳停寺の極楽殿についで、韓国では二番目に古い木造建築だそうだ。一九一六年の解体修理のさい発見された墨書銘によると、現在のものは一三七〇年に建てられたらしい。質朴ながら品格あり、高麗時代の木造芸術の精華といわれる。殿内には、塑像としては最古・最大な阿弥陀如来の坐像がまつられており、新羅の造像様式をのこす高麗中期の傑作という。扉の隙間からのぞいてみると、十名ほどの婦人たちが熱心におつとめの最中だった。いま韓国では人口の

図2－3　浮石寺 巨石

ほぼ四分の一、約一千万人が仏教徒であるという。

無量寿殿に入り込むのはさしひかえたが、じつはこの阿弥陀像をおおう天蓋《てんがい》には、長い尾をゆるやかに巻いて下方を見据える一匹の龍が配されているはずだ。鎌田茂雄『韓国古寺巡礼』新羅編（日本放送出版協会、一九九一年）によると、「本尊の上の天蓋には、浮石寺の伝説を物語る龍の彫りものが置かれていた」（一三〇ページ）。同書所収の写真でみると、明恵が『華厳宗祖師絵伝』の中にえがかせた、帰国する義湘の乗る船を背に負って海をわたる巨龍とは、少し趣きが異なるが……。帰りがけにのぞいた蔵経閣にも、伝説の龍のレリーフが安置されていた。

無量寿殿の左後方には、浮石寺の名の由来となった巨石が置いてある（**図2－3**）。目測すると、長さ一〇メートル、厚さ一メートルほどはあろうか。断面にわざわざ「浮石」ときざみ、朱色がほどこしてある。善妙龍のたすけで帰国した義湘だったが、新羅に華厳宗をひろめるにしても、既存の他宗派が妨害して、思うようにならない。そこで善妙が今度は巨石と化して空に浮かび、群僧を追い散らした結果、ようやく義湘はこの地に寺をひらくことができた、という伝説とかかわる。

善妙尼像

このあと、無量寿殿の右側にまわると、やや奥まったところに善妙閣という小さな祠がある。ここに今回の訪韓で眼目の善妙の画像が蔵されているはずだ。ところがなんということか、扉にカギがかかっていて、内部をうかがうことはできない。せっかく日本から来たというのに！　やむをえず再度、鎌田茂雄氏の前掲書を引用させていただこう。

扉をあけると、善妙尼立像がある。義湘を愛し、中国から新羅に渡ろうとして海に身を投じた善妙尼が、この小さなお堂の中に祀られているのである。私が昔、訪れた時、この堂の中に祀られていた善妙の像は、日本の高山寺（京都・栂尾《とがのお》）から贈られたものであるといわれた。……

私ははじめてこの善妙閣を探しあて、善妙尼の像を拝した時の感激を今でも忘れることができない。こんな山奥まで、やっとの思いで、案内者もなく、一人でやって来てほんとうによかったと思った。寂として物音一つ聞こえない山中で、美しい女性《にょしょう》である善妙尼像を見て、体がふるえるのを止めることができなかった。（一三二ページ）

この記述によれば、はじめ浮石寺の善妙閣に安置されていたのは、高山寺から贈られた「善妙神立像」だったという。もちろん、高山寺に現存するもののレプリカだろう。鎌田氏が最初に浮石寺をおとずれたのは一九七〇年のことだというが、二十一年後の一九九一年に再訪したときは、「韓国の信者が寄付した華麗な善妙尼の立像が描かれてい」（一三二ページ）た、と。

さきほど述べたように、カギがかかっていて善妙閣の中をのぞくことはできない。そこで、鎌田氏の著書に収められたカラー写真を参照しよう（図2-4）。長い袖をもち、裾が踝《くるぶし》までとどく朱色の唐衣をまとっている。高山寺の「善妙神立像」の緑色とは違っているのが注目されよう。ゆるやかに足もとまで流れる肩巾《ひれ》。壁にえがかれた絵像であるため、木彫の後者にくらべ線描がやわらかなのはとうぜんか。おそらくこの善妙尼像は、かつて善妙閣の中にあったという「善妙神立像」（レプリカ）を手本にえがかれたものでは

図2−4　浮石寺 善妙閣 善妙尼像（鎌田茂雄『韓国古寺巡礼』新羅編〈日本放送出版協会、1991年〉より）

ないだろう。「義湘絵」を参考にしつつ、韓国の画家がえがいたと思われる。ちなみに「義湘絵」の中の善妙は、この「善妙尼像」と同じ朱色の唐衣をまとっている。

そして、この絵の下の方に「施主」として十人ほどの名が漢字で記されており、みたところすべて女性のようだ。無量寿殿でおつとめをしていたのが婦人ばかりだったのを考えるにつけても、たいへん興味深い事実である。浮石寺は尼寺ではないが、女性に人気のあるお寺なのだろう。そのことは、善妙の存在と関係があるのかもしれない。

無量寿殿の裏山にのぼってゆくと、そこに祖師堂とよばれる古びた建物がある。もともと義湘が住んでいた家と伝えられるが、現存のものは李朝に入って一四九〇年の重修《ちょうしゅう》という。内部をのぞきみると、ガラスケースの中に安置された義湘の木像。両手を組み合わせて胸元にあげ、端坐の姿勢をとっている。眉は長く目は細く、高い鼻と細い口ヒゲ。頭部は黒々として、大きな耳をもつ。『宋高僧伝』によると、「〔義〕湘の容色は挺抜（とびっきりの美男子）」というが、失礼ながらふつうのオジサンにみえる。堂内には、義湘のあとの浮石寺歴代の祖師たちとともに、善妙の画像も飾られていた。

善妙井

このあと、祖師堂から山を下って、ふたたび無量寿殿のまえに出る。そして、善妙井の跡がのこっているかどうか、その左右をくまなく探索してみた。それというのも、『新増東国輿地《よち》勝覧《しょうらん》』（朝鮮地誌の代表作。数回にわたる改訂・増補をへて一五三〇年に完成）のうち、一四九九年につけられた「新増」の部分に、浮石寺本堂（＝無量寿殿）の

東に善妙井あり、西に食沙龍《しょくさりゅう》井《せい》あり。旱《ひでり》あれば、則ち雨を禱《いの》るや応〔験〕あり。

とみえるからだ。つまり、李朝時代、本堂の西の食沙龍井とともに、東側にあった善妙井に対しても雨が祈られていたというのだ。そもそも龍は水神だから祈雨の対象になるのは自然なことで、善妙も巨石になるまえ龍に化していたから、じゅうぶんその資格はある。

この善妙井は、一九六七年に調査されたという。今回みたところでは、本堂の東側に石製の水槽と亀の形をした石像があった（**図2-5**）。石像は亀というよりは亀趺《きふ》（亀の形をし

た碑の台石）で、これは龍の第二子とされるから、水と関係がないではない（忠清南道にある鶏龍山甲寺《カプサ》の講堂のまえには、同じ形の亀趺があり、口から水を吐き出している）。

ちなみに、京都の奥殿町に現存する善妙大明神の祠のまえには、「雨乞御礼」と書いた石灯籠が立っている。ここに、龍となった善妙が雨乞いの対象にされたという共通の民俗信仰をみることができるだろう。

図2－5　浮石寺 亀の形をした石像

民俗信仰といえば、善妙井とは反対側の本堂の西の方にある三聖閣も看過できない。三聖閣とは、虎をつれた山神、天台那《な》畔《はん》尊者（天台山で弥勒菩薩を待つ聖者）をさす独聖、人の寿命をつかさどる七星（北斗七星）のそれぞれをまつる、山神閣・独聖閣・七星閣をいう。このうち山神は虎をしたがえた白ヒゲの老人姿で、朝鮮シャーマニズムのなかでもっとも霊威ある神である。中国側の資料だが、『新唐書』東夷伝新羅の条に、「好んで山神を祀る」とみえる。仏教が入るまえ、もともと山神がこの山（鳳凰山）の主だったのかもしれない。

もう一度、さきほどの「浮石」の方に行ってみる。「浮石」とよばれる大きな平たい石は、むかって左側にかたむきながら下の複数の石の上に載っているが、下の石とのあいだに隙間があるので、浮かんでいるようにみえなくもない。こうした状態から、「浮石」の名が出たのだろう。ところで、この石の後ろ側は岩の崖になっていて、いわゆる「浮石」と崖石は、遠目にも同じ石質のようにみえる。おそらく「浮石」とは、崖から切り出す途中で放置されたものではないだろうか。そして、この「浮石」の横に寺をひらいたのが義湘だった。

華厳十刹

浮石寺と義湘のことを記した最古の資料は、この寺を創建した義湘を顕彰するため、おそらく同寺の境内に建てられていた「浮石本碑」だろう。この石碑そのものはのこっていないが、高麗朝の一一四五年にできた『三国史記』(朝鮮半島現存最古の史書。全五十巻)の約百五十年後、これにもれた記事をあつめた一然《イリヨン》(一二〇六〜八九)の『三国遺事』(以下、『遺事』)のうち、その巻三所収、一然の弟子無極《ムグク》による付記がその一部を引いている。新羅末の国際的大学者・崔致遠《チエチウオン》(八五八〜?)の「浮石尊者伝」も「浮石本碑」によったらしいから、これはおそくとも九世紀末までには成立していたとみてよい。常識的に考えると、義湘が七十八歳で示寂した七〇二年よりしばらく後とみるのが穏当だろう。

そして、この「浮石本碑」をふまえたとみられる『遺事』巻四に、

儀鳳元年、湘、大伯〔太白〕山に帰り、朝旨を奉じて浮石寺を創る。大乗を敷敞《ふしょう》し、霊感頗《はなは》だ著《あらは》る。

（六七六年、義湘は太白山に帰り、朝廷の命令によって浮石寺を創建した。大乗の教えをひろめ、神仏の働きがあらわれた）

とある。このことはまた、『三国史記』新羅本紀第七に、

十六年春二月、高僧義湘、旨を奉じて浮石寺を創る。

（六七六年二月、高僧義湘は朝廷の命令を奉じて浮石寺を創建した）

と出ている。

六七一年、唐より帰国した義湘は、はじめ江原道襄陽《ヤンヤン》（朝鮮半島の中部東側）の海辺に洛山寺《ナクサンサ》の基礎をすえ（『遺事』巻三）、五年後の六七六年、南下して太白山脈中に浮石寺を建てたわけだが、この六七六年というのは、新羅の文武王（在位六六一〜六八一）が唐の

協力をえて百済と高句麗をあいついで滅ぼしたあと、今度は唐の勢力を撃退して朝鮮半島の大部分を統一した年にあたる。つまり統一新羅は、国家のイデオロギーとなる思想として、義湘が唐からもたらした華厳の教えに着目し、浮石寺の創建を支援したのだろう。

そして義湘は、浮石寺のあと、伽耶山海印寺《ヘインサ》・地異山華厳寺《ファオムサ》・鶏龍山甲寺・母岳山国神《ククシン》寺《サ》など、いわゆる華厳十刹の造営と再建にかかわるが、それらはおおむね小白山脈中にあり、かつ新羅が敵対した百済や高句麗との境界に位置した〈鎌田茂雄『華厳の思想』〈講談社学術文庫〉、一九八八年、二六および二二三ページ〉。同じく華厳十刹にぞくする慶尚北道の金井山梵魚寺《ポモサ》も、海をわたって慶州をうかがう倭の侵入路にあたっている。これらの寺院は、本堂を中心とした何重もの石垣と山門によって、じゅうぶん軍事的施設に転用できただろう。

しかし、寺院の役割はあくまで宗教的・精神的なところにある。

海印寺・石窟庵・仏国寺

浮石寺をおとずれた半年後、このときは仁川空港からソウルに入り、慶尚南道の海印寺をへて、慶州の石窟庵《ソックラム》と仏国寺《プルグクサ》、その他をまわった。慶州は義湘の生地でもある。

高校時代の同級生・大城隆君が同道。奈良県在住の同君には、若いころから老年にいたるまで、何度か大和古寺巡礼に付き合ってもらった。

九月七日。この日はいろいろ収穫が多かったが、まずあげるべきは海印寺。いまは韓国最大の曹渓宗《そうけいしゅう》にぞくする。ちなみに、高麗の知訥《チヌル》（一一五八〜一二一〇）を宗祖とする曹渓宗は禅宗系だが、教理的には華厳思想の影響を強くうけており、僧侶には『華厳経』の学習が義務づけられているという（木村清孝『華厳教入門』〈角川ソフィア文庫〉、一九九七年、六四ページ）。海印寺は新羅のときは「華厳十刹」の一つで、もちろん華厳宗だった。そのため、天王殿・九光楼の後ろにならぶ大寂光殿（大雄殿）には、いまも華厳のシンボル毘盧舎那仏《びるしゃなぶつ》がまつられている。

しかし、海印寺の見どころは、なんといっても仏教界の至宝とされる『高麗大蔵経』で、大寂光殿の背後に特別に建てられた蔵経閣に収蔵されている。現存する版木《はんぎ》は、高宗二十四年（一二三七）から十六年をついやし、高麗に侵入したモンゴル軍の撃退をねがって、一字彫っては一拝しつつ造られたという。しかも、これは二回目の彫造で、一回目は顕宗二年（一〇一一）から十年間かけ、契丹《きったん》の撃退を祈って完成されたが、高宗のとき開城《ケソン》の符仁寺《プインサ》にあってモンゴル軍により焼き払われた。これをうけて、高宗は再度の彫造にとりかかったわけだ。耐用性の高い版木の造りといい、通気性のよい書庫様式といい、最高度の技術におどろくが、それ以上に、一度目の焼失にもめげず、『八万大蔵経』六五二九巻、版木にして八万一二五八枚を完成させた仏法護国の信念に感歎せざるをえない。

つぎに石窟庵。もと石仏寺といった。新羅の景徳王十年（七五一）、時の宰相・金大城《キムデソン》が現世の父母のために仏国寺を重修し、前世の父母のために石仏寺を創建した。慶州の東方にそびえる吐含山《トハムサン》（海抜七四五メートル）の中腹に、東面して建てられており、ここから東海（日本海）が遠望できるという。早朝には、ご来光をおがむため参道をのぼってくる人も多いとか。

しかし、仏陀像の視線の先をたどるなら、そこには新羅文武王の遺体を埋葬した海中王陵、いわゆる大王岩《だいおういわ》が存在する。文武王は護国の祈願をこめて感恩寺《カムンサ》の創建を意図したが、完成するまえに崩御。「遺骨は寺の正面の海に葬れ、龍となって倭の侵略から国を護らん」という言葉にしたがい、あとをついだ神文王（在位六八一〜六九二）がつくったのが、いま感恩寺址から三〇〇メートル沖にある大王岩にほかならない。

三つ目には仏国寺。当初は華厳仏国寺と名づけられ、新羅の法興王（在位五一四〜五四〇）のときの創建だが、大雄殿の後ろにある無説殿《むせつでん》は文武王が六七〇年に建立した。義湘はこの無説殿において、文武王に『華厳経』を講じたという。ちなみに義湘は六八一年、文武王より京城の増築について下問をうけているので、国事に関しても発言できる立場にあったらしい（鎌田茂雄『朝鮮仏教史』東京大学出版会、一九八七年、五九ページ）。

現在の仏国寺の原形は、景徳王時代の七五一年、宰相金大城により形づくられた。いまみると、三つの区域からなっていて、その第一は大雄殿と釈迦塔・多宝塔のある一画で、ここは釈迦が『法華経』を説いたという霊鷲山《りょうじゅせん》、つまり霊山《りょうぜん》浄土をあらわす。第二の寺域は極楽殿を中心とした極楽浄土、すなわち阿弥陀仏のいます西方浄土とされる。そして第三が、さきの無説殿から毘盧殿《びるでん》にいたる区域で、『華厳経』に説く蓮華《れんげ》蔵《ぞう》世界、華厳の浄土にほかならない。それぞれが、三つの天宮の縮景というわけだろう。

毘盧殿の中をのぞいてみると、蓮華蔵世界のシンボルにして、宇宙の生命と真理の源とされる毘盧舎那仏（密教でいう大日如来《だいにちにょらい》）が鎮座していた。

護国のための寺

新羅五十六代、約千年の都だった慶州には、仏教関係だけでもみるべきものが多いので、さらに二、三ふれておきたい。

まずは北の金剛山中にある柏栗寺《ペンニュルサ》。新羅による三国統一の前後に、殉教者異次頓《イチャドン》の霊をとむらうために建てられた。もともと新羅において仏教が公認されたのは、法興王のときおこった異次頓の殉教によるが、その伝説はいま国立慶州博物館にある八角形の供養塔に銘文とイラストできざまれている。ちなみに、法興王はその名のとおり仏法を興した国王で、仏教の公認は五二七年とされる。それより百四十年ほどのちの文武王の時代、異次頓慰霊の柏栗寺が創建されたわけだ。

つぎに皇龍寺《ファンリョンサ》。一九七六年からの発掘調査によりその巨大な全貌が明らかになったが、真興王二十七年（五六六）から善徳女王十四年（六四五）にいたる約八十年間、築造されつづけた大寺院。『遺事』巻三によると、新たに皇宮を築こうとした場所に黄龍があらわれたので、黄龍寺（皇龍寺）と称したが、その龍とは「護法の龍」にほかならず、境内に九層の塔を建てたならば、「倭人・麗済二国（高句麗・百済）」という「隣国も降伏」する、と。つまり、慶州の中心部に建てられた皇龍寺と九層塔は、新羅の護国仏教のシンボルにほかならない。義湘が出家したのは、皇龍寺の裏山にある皇福寺《ファンボクサ》だったという。

また、慶州近郊の狼山《ナンサン》の麓に礎石がのこる四天王寺《サチヨンワンサ》は、文武王治世の六七九年、明朗《ミヨンラン》（新羅の密教・神印宗の開祖）の献言により創建された。仏を守護する四天王にちなみ、唐の攻撃から国をまもるという主旨で建てられたという。

以上のように、朝鮮の仏教が護国の役割をになわされたのは、半島がしばしば外敵の侵略におびやかされたからである。

また、浮石寺をはじめとする華厳十刹の創建とテコ入れも、ようやく国内の統一をなしとげた新羅の鎮護国家の意思より出たことは明らかだ。では、その場合なにゆえ華厳宗がえらばれたのか。

唐にわたった義湘は、終南山至相寺の智儼《ちごん》（華厳宗第二祖）のもとで学び、十年後、新羅にもどって華厳の教えをひろめる。前引の『遺事』巻四に、「朝旨を奉じて浮石寺を創る。大乗を敷敞し、霊感頗だ著《あらは》る」という。その結果、義湘は「海東華厳の初祖」（『宋高僧伝』義湘伝）とたたえられるが、そうした活躍を知って、ともに智儼のもとで学んだ法《ほう》蔵《ぞう》（華厳宗第三祖）は、遠くはなれた義湘に手紙を送り、

義湘が新羅において華厳の奥義を開演し、仏国土を建設していることを心から喜んでいる。

（鎌田茂雄『朝鮮仏教史』八三ページ）

と伝えた。この手紙「賢首《けんじゅ》国師（法蔵）、海東に寄する書」は、その真筆が奈良の天理大学附属図書館に所蔵されているそうだが、ここでは文中にある〝仏国土の建設〟に注目したい。華厳によって仏国土の建設がめざされたのは、それが毘盧舎那仏を中心とする蓮華蔵世界という整然とした体系をそなえていたからだろう。

このようにみてくると、義湘による浮石寺の創建は、文武王のおしすすめた宗教政策、つまり華厳思想による鎮護国家の一環としておこなわれた、と考えることができそうだ。

李杜鉉博士の説

そして、善妙が龍となり、巨石と化して、義湘による華厳弘布《ぐふ》をたすけたという説話そのものも、じつは新羅の文武王時代の護国思想から生み出された、という説がかつてソウル大学の李杜鉉《イドウヒヨン》教授によって提出されている。その主著『韓国民俗学論考』（学研社、ソウル、一九八四年）は、引用資料が漢文のほかはハングルで書かれており、私には手に負えないが、さいわいその一部が「義湘と善妙説話」（『アジア公論』一九八〇年七月号）としてご自身により日本語訳されている。それを利用して、李氏の説を紹介しよう。

そもそも、龍を神聖視して、その龍が仏や経典をまもったり仏説をきくといった話は『法華経』などにみえるが、こうしたインド伝来の護法龍の話が新羅に影響をあたえた。そして、法興王による仏教公認よりのち、新羅こそ仏の浄土だとみなす仏国土信仰が生まれ、護法龍イコール護国龍とする考えが強くなる。そのことを端的にあらわしたのが、『遺事』巻二で語られた文武王の伝説だった。つまり、三国を統一し、義湘に命じて浮石寺を創建させたこの英主は、つねづね「朕は身後、護国の大龍と為り、仏法を崇奉し、邦家を守護せんことを願ふ」（われは死後、護国のための大龍となり、仏法をあがめ、新羅の国を護ることを願う）と言っていたが、『三国史記』新羅本紀第七によると、子の神文王はその遺言をまもって、大鐘川の河口にある岩山（大王岩）に父王の海中陵をいとなんだ、と。

このほかにも、護法龍の話は新羅の仏教説話として、とくに『遺事』中に散見するが、以上列挙した新羅の護法・護国龍説話の文脈からみるとき、「善妙化龍」の護法龍説話の形成は、その時代的雰囲気の所産であり、新羅人の護国仏教思想のあらわれであるといえる。

と。「華厳十刹」のいくつかと慶州の古寺をめぐってきたわれわれの眼には、このような李博士の説は容易に納得できるもののようにみえる。しかも、浮石寺など華厳十刹の創建にかかわってきた義湘が、同門の法蔵から「新羅において華厳の奥義を開演し、仏国土を建設」しつつあるのを讃えられているように、華厳の教えにもとづいた国づくりは、善妙の献身による義湘の華厳弘布という善妙説話のモチーフと容易にむすびつく。

高麗時代に伝来

しかし、ここで立ち止まって考えてみよう。善妙説話は、ほんとうに文武王・神文王期における「新羅人の護国仏教思想のあらわれ」なのだろうか。

たとえば、「護国の大龍」になろうとねがった文武王は六六一～六八一年の在位、その遺言をまもって海中陵をいとなんだ神文王は六八一～六九二年の治世だから、新羅の護国思想は七世紀後半にピークがあった、とみてよいだろう。

ところが、「善妙化龍」の説話をしるす『宋高僧伝』全三十巻の完成は九八八年で、しかも同書が朝鮮半島に伝来したのは、それより約百年後、すでに高麗時代に入っている。文宗（在位一〇四七～八三）のときの朴寅亮「海東華厳始祖浮石尊者讃」（前出）に、善妙の名がはじめてみえる。

善妙　色有り、愛恋して歓を求む。（善妙は色っぽく、恋して求愛する）
心は石に匪《あら》ざるを見《しめ》し、反つて行檀を誓ふ。（義湘の心は石でない、善妙は布施を誓う）
金鱗　鑑を負ひ、海瀾を利渉す。（龍は背に船を載せ、海を渡った）

鉅石　空に浮かび、寺山を蓋護せり。（巨石となって空に浮かび、寺を護った）

このうち「心は石に匪《あら》ず」とは後述するごとく「心は転がる石のようではない」ということ。「行檀」の「檀」とはサンスクリット語のダーナ（檀那）の音写で、「檀を行ずる」とは布施すること。具体的には、善妙が義湘にむかって、「必ず檀越と為り、資縁を供給せん」（スポンサーになって援助しよう）と誓った部分に相当する。また、「金鱗」とは龍をさし、「海瀾」は正確には海の波、「寺山」とはいうまでもなく浮石寺である。

つまり、新羅で護国思想がさかんだった七世紀後半よりかなりのち、すでに高麗朝に入った十一世紀の後半になって、ようやく善妙説話は知られるにいたった、と考えられる。はじめて『宋高僧伝』の名がみえるのは、高麗朝・義天の『新編諸宗教蔵総録』であることは、第一章でふれた。文献を重視するかぎり、李博士の説は時間的に齟齬するところがあるようだ。

しかし李氏は、左記の調査例をあげて、浮石寺の創建と善妙説話を同時代のものとしてむすびつける。

一九一六年の無量寿殿（本堂）の解体修理と一九六七年の善妙井の調査によって、阿弥陀如来（本尊仏）の台座の下を頭部として善妙井の方向に、約一二メートルの長さの石製の龍が、胴部をS字状にくねらせながらのびているのが発見された。

以上のような一三〇〇年来浮石寺に残る遺物は、宋高僧伝の善妙説話と相照応する遺物であり、善妙井や石龍にまつわるこれらの伝説が賛寧が義湘伝を編纂した当時（十世紀後半）なお登州の留唐新羅人の間に伝わり、宋高僧伝の資料として記録されたのだろう。

（李杜鉉「義湘と善妙説話」）

つまり、浮石寺の境内から出土した巨大な石龍の存在によって、いまから「一三〇〇年」まえの六七六年、同寺の創建のころ善妙説話は成立しており、それが山東半島の新羅人社会に伝えられて、『宋高僧伝』に採録された、というのである。

しかし、いまの本堂無量寿殿は、そもそも当初からのものではなく、高麗朝の一三七〇年に再建されたことが確認されている。いっぽう、『宋高僧伝』はこれよりまえの十一世紀後半ごろの伝来だから、むしろ「義湘伝」の善妙説話にもとづいて、本堂の下に石龍なるものがつくられた可能性の方が強いといえる。

すなわち義湘・善妙説話は、李氏のいわれるような新羅↓唐とはちがって、北宋↓高麗の方向で、それぞれ降った時期に伝えられた、と考えられる。そのことを、さらにくわしく説明しよう。

新羅における善妙

さきにみたように、義湘による浮石寺の創建は、『三国史記』や『遺事』に記されている。しかし、善妙については、両書はまったくふれるところがない。善妙説話がみえるのは、朝鮮側資料ではなく、あくまで中国の『宋高僧伝』なのだ。前掲した朴寅亮の「浮石尊者讃」も、全面的に同書中の「義湘伝」に依拠していることは、すでに述べた。

あらためて、その「義湘伝」によって新羅にわたってからの善妙の事績を追ってみよう。もちろん、これはあくまで伝説上でのことなのだが……。

帰国した義湘は、「大華厳の教へは福善の地に非ざれば興る可からず」（尊い華厳の教えは、よい土地でないと根付かない）と考えて、「駒塵〔麗〕・百済の風《ふう》する馬牛も相ひ及ばざる地」、つまり高句麗や百済から遠くはなれた地をまわり、「法輪を転ずる所」（仏法を伝えひろめる所）をさがしていたが、ここぞと思った地にはすでに「権宗《ごんしゅう》・異部《いぶ》の徒」が居すわっていて、新来の華厳宗に敵意をいだき、義湘の活動を妨害した。そこで、時に善妙龍、恒《つね》に随《したが》ひて護《まも》りを作《な》す。潜《ひそ》かに此の念《おも》ひを知り、乃ち大神変を虚空の中に現はし、化して巨石と成る。縦広一里、伽藍の頂《いただき》を蓋ひ、将に堕ちんとして堕ちざるの状を作す。

（龍に化した善妙は、つき従って義湘をまもった。義湘の華厳をひろめようとする思いを知り、巨石となって空中を飛行した。その大きさは一里もあって、寺の屋根をおおい、いまにも落ちそうで落ちない状態を示した）

（『宋高僧伝』「義湘伝」）

これに驚愕した他宗の群僧は、クモの子を散らすように逃げ去り、義湘は「遂に寺中に入り、斯教〔華厳宗〕を敷闡《ふせん》」することができた、という。

義湘が唐からもたらした華厳宗に対し、既存の諸宗派（おそらく三論・法相《ほっそう》・律など）が反発し、両者のあいだにトラブルがおこるようなこともありえただろう。しかし、その軋《あつ》轢《れき》は、「善妙龍」による破天荒な活躍が必然とされるほど激しいものであったかどうか。

さきに何度か引いた『遺事』巻四に、「〔義〕湘、大伯〔太白〕山に帰り、朝旨を奉じて浮石寺を創り、大乗を敷敞す」とあるように、義湘による浮石寺の創建と華厳の布教は、新羅王朝の公認のもとにおこなわれている。こうしたバックアップがあった以上、「権宗・異部の徒」が頑強に反対できたとは思えない。

そのうえ、義湘の活動自体も堅実なものであったようだ。『遺事』巻三によると、帰国した六七一年、江原道襄陽の海辺に洛山寺の基礎をすえたあと、南下して太白山浮石寺を建て、さらに数多くの門弟をひきいて草堂をつくり、華厳の講義をした（『遺事』巻五）。三千門徒のなかからは、「十大徳」といわれる優れた弟子も出ている（『遺事』巻四）。その華厳理解の深さは、智儼門下の弟《おとうと》弟子にあたる法蔵が義湘に手紙を送り、執筆中の仏教概論『華厳五教章』に関し訂正を乞うていることからも推測できよう。

それはさておき、こうした義湘の活動をみると、みずから華厳をひろめるにさいし、かりに他宗による妨害があったとしても、それはさほど熾烈なものではなかっただろう。ではなぜ、善妙龍が巨石となって群僧を追い払うなどといった荒唐無稽な話が生まれたのか。その目的は、もちろん義湘による華厳の布教をたすけるべく、善妙の活躍ぶりを劇的にするところにあった。

さきほどみたように、浮石寺の本堂の裏手はスロープになっていて、そのまえに長さ一〇メートル×厚さ一メートルほどの巨石（奥行きは不明）が横たわっている。現在、この巨石の表面にはわざわざ「浮石」という文字がきざみ込まれているが、これは「義湘伝」のいわゆる善妙説話が中国から逆輸入され、それにもとづいたもの。ほんらいは、巨石が浮いているようにみえるところから浮石寺の名が生じ、さらに善妙龍による巨石飛行の話になった、というのが順序だろう。

そもそも、「義湘伝」の作成にかかわった者が、はるばる慶尚北道栄州の浮石寺までやってきて、この巨石を実見したとは思われない。だいいち、同伝はその場所すら特定できず、「駒塵〔麗〕・百済の風する馬牛も相ひ及ばざる地」、つまり遠く離れた地、と漠然としか述べていないのだ。

おそらく、義湘が浮石寺を建てたという事実のみを新羅からの伝聞によって知り、「浮石」からイメージをふくらませて「飛石」とし、「縦広一里、伽藍の頂を蓋ひ、将に堕ちんとして堕ちざるの状を作す」などといった大袈裟な話になったのだろう。そのさい、話のなりゆき上、義湘がおもむくまえ、すでに「権宗・異部の徒」が「伽藍」を建てており、そこに蟠居《ばんきょ》して頑強に抵抗した、と創作したのだろう。

つまり、善妙龍が巨石となって義湘の布教をたすけたというのは、「義湘」・「浮石（寺）」・「善妙」を道具立てにした、新羅ではなく中国での想像力の所産にほかならない。いわゆる善妙化龍の説話は、たとえば「元暁伝」にみえる海中の龍王と『金剛三昧経』の話など、ほかにもたくさんある護法龍説話の一種ではあっても、李杜鉉博士のいわれるような新羅の護国思想とは無関係ではなかろうか。そもそも、この説話には外敵に対して国をまもる、といった要素はまったくみえない。

善妙は海に投じて龍となり、義湘の乗った船を背に負って新羅にはこび、また巨石と化して義湘による華厳の弘布をたすけた。それゆえ日本の高山寺では、善妙を「新羅の国の女神」とみなし、「華厳擁護の誓ひ有るに依り」、同寺に勧請した。明恵は彼女をヒロインとした「義湘絵」をプロデュースしている。

これに対し、韓国では、善妙は高麗のときはじめて知られて詩に歌われ、李朝では「善妙井」がつくられて、龍神（水神）善妙は祈雨の対象となった。また、いま浮石寺の善妙閣にある善妙尼の絵像は、いわゆる「義湘絵」をもとにえがかれたもので、施主には女性ばかりが名をつらねている。しかし、小さな善妙閣が無量寿殿のかたわらにひっそり立っているように、朝鮮半島にあっては、あくまで義湘が主役で、善妙はその脇役として位置づけられているようだ。

しかし、善妙はもともと義湘が華厳を学びに行った唐の国の女性である。

彼女のルーツを追おうとするなら、さらに中国へわたらねばならないが、じつは朝鮮半島の対岸の山東半島には、すでに二〇〇九年に調査に出かけている。

だから、私が実際におとずれた順番ではなく、〝善妙神のルーツを求めて〟、京都高山寺から韓国浮石寺、さらに山東半島へと善妙を探しに行ったかたちをとり、それを体験風に記すこととしよう。

第三章　善妙の実像――中国・赤山法華院――

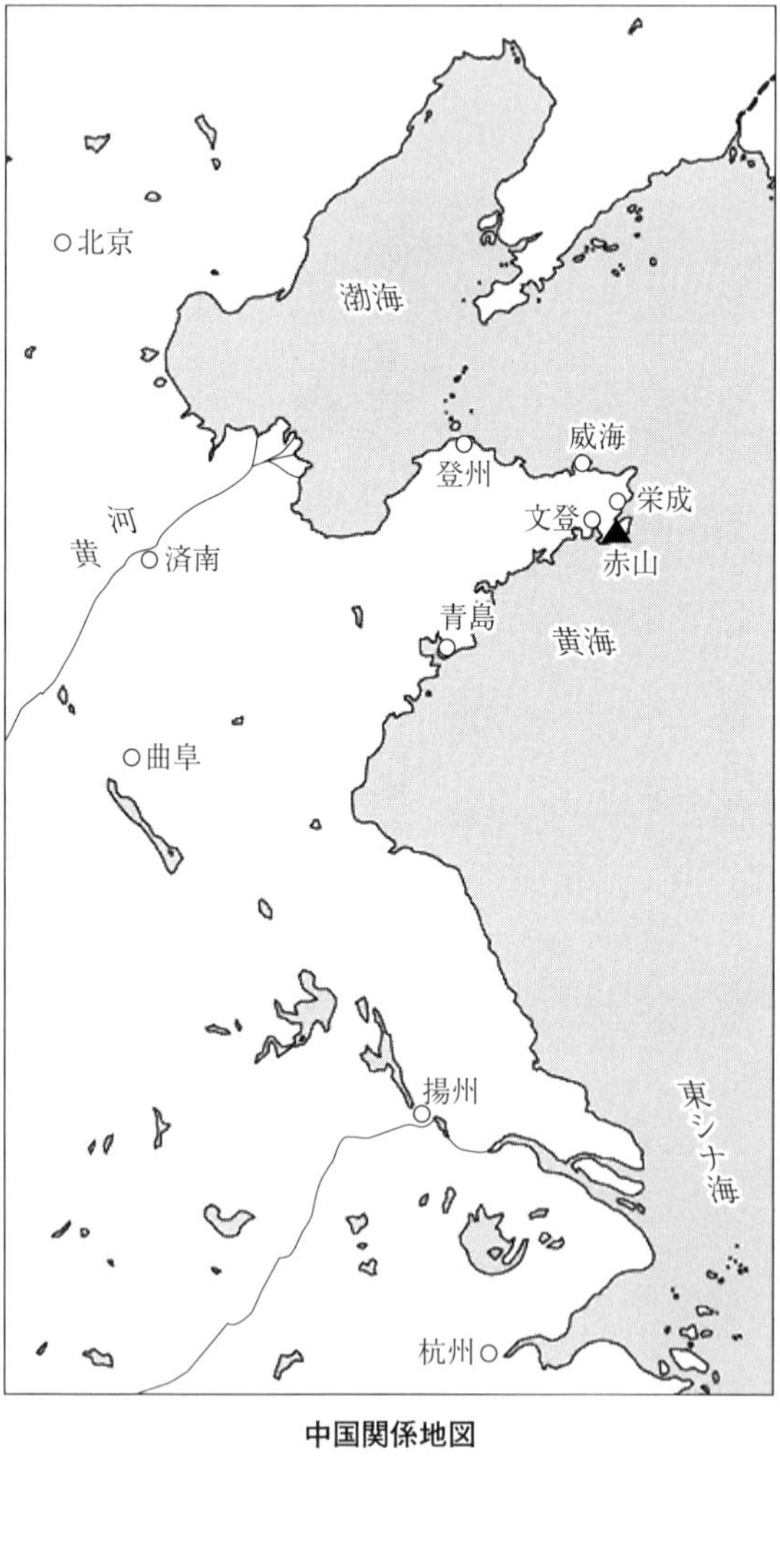

中国関係地図

文登へ

山東半島には、二〇〇九年三月二十九日から四月二日までの四泊五日の日程で出かけた。当時、大学院で指導していた留学生の林《リン》さんが山東省文登《ぶんとう》の出身で、円仁《えんにん》（日本の天台僧。七九四～八六四）の『入唐求法巡礼行記《にっとうぐほうじゅんれいこうき》』（中国各地での見聞を漢文体で記録）を修士論文のテーマにしており、円仁も通過した文登を中心にその旅程をたどるという。半ばそれに便乗するかたちで青島《チンタオ》より入り、黄海・渤海の沿岸から済南、曲阜《きょくふ》をへて青島から帰国、と左回りの半島一周をもくろんだ。いちおう中国古代史が専門だが、いにしえの斉《せい》・魯《ろ》の地は今回がはじめて。この計画を知って、同僚のお二人も同道。

三月二十九日、関西国際空港から青島へ。現地時間十二時二十分着。旅行社のマイクロバスにて青威（青島―威海）高速道路を北東方向に走り、山東半島の先端部へ。途中、左手には半島の脊梁山地をかたちづくる石灰岩や花崗岩が露出。耕地は痩せている感じで、街路樹のほかは樹林をほとんどみない。

三時間ほど走って、文登（いまの威海市文登区）につく。林家はマンションの五階。心づくしの手料理でもてなされたが、海が近いせいか魚貝類が多い。明日たずねる予定の赤山法華院の話を出したら、大々的に再建がなり、母上も見物に行ったことがある由。韓国からの観光客も多かった、と。

午後五時ごろ、林家を辞去。夕闇の迫るなか、三〇九国道を東行して栄成市へ。そこから三〇一国道を南下して、夜七時すぎ海近くのホテルに投宿。ホテルのパンフレットには、中国語・英語・ハングルで説明書き。むかい合う山東・朝鮮両半島の密接な関係を実感した。

翌朝、はじめて気がついたのだが、眼下に石島湾《せきとうわん》（赤山浦《せきざんほ》）、はるか彼方に石島（莫耶《ばくや》島《とう》）をのぞむ。石島新港には、大連・天津・青島・連雲港《れんうんこう》のほか、韓国の釜山《プサン》・仁川港からもフェリーがつくという。

円仁の記録から

いまふれた赤山浦と赤山法華院のことは、円仁の『入唐求法巡礼行記』一（足立喜六訳注・塩入良道補注、〈東洋文庫〉、平凡社、一九七〇年）の開成四年（八三九）六月の条に、まずあらわれる。

六日、乾《いぬい》（西北）風切《しき》りに吹く。赤山の泊《とまり》（舟付場）に入らんと擬《ほっ》す。……

七日、午時（十二時）乾（西北）風吹く。帆を挙げて進行す。未（十四時）申（十六時）の際、赤山の東辺に到り船を泊す。……其の赤山は純《もっぱ》ら是《これ》巌石高く秀でたる処、即ち文登県清寧郷赤山村なり。山裏に寺あり。赤山法花院《せきざんほっけいん》と名づく。本《もと》張宝高が初めて建てし所なり。

（一七五〜一七六ページ）

（六日、西北風がしきりに吹いた。赤山の舟付場に入ろうとした。……七日、十二時、西北風が吹いた。帆を上げて船を進め、十四時〜十六時の間、赤山の東に着岸した。……赤山は高くそびえる岩山で、この地は文登県清寧郷赤山村にあたる。山の麓に赤山法華院という寺がある。もともと張宝高が創建したところだ）

これよりちょうど一年まえの承和五年（八三八）六月、事実上これが最後となる遣唐使の第一船に同乗した円仁。東シナ海の波濤をのりこえ、七月二日、やっとのこと大陸の地をふんだ。帰国ののち、円仁は比叡山延暦寺の座主として日本天台宗を大成することになるのだが、このとき四十二歳、留学僧《るがくそう》よりランクが上の請益僧《しょうやくそう》（学問僧）という資格である。叡山が円仁に託した使命は、密教の最新知識を学んで帰らせることだった。その背景には、天台宗が空海（日本真言宗の開祖。七七四〜八三五）の真言宗に対し後れをとっていたという事情がある。

苦労のすえ江蘇省の揚州にいたると、さっそく師の最澄（日本天台宗の開祖。七六六〜八二二）も学んだ浙江省台州の天台山国清寺《こくせいじ》行きを希望するが、その願いは唐朝中央において審議のうえ最終的に却下。かつての空海のように留学僧は文字どおり留まって学ぶわけだが、請益僧は同道した使節団の在唐期間のみ滞在をゆるされる、という決まりがその理由らしい。

やむなく円仁は、揚州から大運河を北上して楚州にいたり、翌八三九年、長安からもどった大使一行と合流するという段取りで帰国せざるをえなくなった。しかし、円仁はここで最後の手段、つまり不法残留という途をえらぶ。四月五日、海州（いまの連雲港市）で従者三人とともにこっそり下船。ところが、近くの宿城村というところで、話す言葉をあやしまれて役人につかまり、四月十日、遣唐使船につれもどされてしまう。そのあと船は北上し、乳山浦《にゆうざんほ》をへて、六月七日、上掲のごとく赤山浦に接岸。その機をとらえ、ひそかに船を下りた円仁たちは、この地にのこって、一路故国へとむかう大使一行を見送るわけだ。そして円仁たちは、翌八四〇年二月十二日までの八カ月あまり、赤山法華院ですごすことになる。

そもそもこの寺院は、円仁が渡唐したころ、新羅・唐・日本を股にかけて活躍していた一代の風雲児、新羅人の弓福《クンプク》（新羅の清海鎮大使。七九〇〜八四一。『新唐書』では張保皐、円仁は張宝高と表記）によって建立された。彼が寄進した年間五百石もの収穫がある荘田で維持されたという。張宝高は八四一年、新羅国内の政争にまき込まれて暗殺されることになるが、寺はその配下の新羅人が管理と運営にあたっており、住僧も信者もすべて新羅人だった。円仁は「赤山新羅院」とも記している。円仁の旅行記、八三九年十一月十六日の条にいう。

僧等は其の数卌（四十）来《ばかりの》人なり。其の講経、礼懺《らいさん》は皆新羅の風俗に拠る。但し黄昏（夕方）と寅朝（早朝）との二時の礼懺は且《しばら》く唐風に拠り、自余は並びに新羅の語音に依る。其の集会《しゅうえ》せる道俗、老小、尊卑は惣《す》べて是《これ》新羅人なり。但し三僧（円仁等）及び行者（丁雄満）一人日本人なるのみ。　（二〇〇ページ）

（住僧は四十人ほどいた。経を講じたり礼仏懺悔《さんげ》は新羅の方式である。ただし、夕方と早朝の礼仏懺悔は唐のやり方で、その他は新羅の言葉でなされた。参集した衆僧と在家者・幼老・貴賤すべて新羅人である。ただし、円仁など僧侶三人と従者のみ日本人だった）

つまり、円仁が入唐したころ、石島湾（赤山浦）を見下ろす赤山の麓には、少なくとも数棟の堂宇をもつ赤山法華院がいとなまれ、そこは在唐新羅人たちの信仰上のセンターとなっていたのだ。当時、寺には四十名前後の僧侶がおり、大法会のときには二百人以上の善男善女があつまった。円仁の日記から推測すると、新羅人の居留地は長江下流から山東半島にかけての沿岸部に点在しているが、文登県赤山浦こそ新羅人社会の心臓部の一つだったとみてよいだろう。

新羅の発展

円仁が渡唐したころ、東シナ海とその内海《うちうみ》の黄海・渤海ではなばなしく活躍していたのは、じつは新羅の船とその関係者だった。

新羅船はその堅牢さと性能の良さには国際的な定評があったが、円仁自身も、「彼の新羅船は遄《すみや》かに走る」、と目を丸くしている。円仁を唐土にのこし、第十七次遣唐使が帰国するにさいしては、遣唐船三艘が破損していたので、九隻の新羅船がやとい入れられた。これより九年後、いよいよ円仁が帰国するとき世話になったのも、新羅商人の船だった。

このようにすぐれた船に乗って活躍していた航海者や貿易商人のほか、沿岸部では輸送や製塩、内陸部に入っては農業や炭焼きなどにしたがっていた新羅人も多くいたことが、円仁の旅行記からうかがえる。

では、なぜ新羅の出身者たちは、この時代この地域で、かくも活発な動きをみせていたのか。

もともと「耕地が肥沃」(『隋書』東夷伝新羅)な地に農業国家としてスタートし、堤防の築造や牛犂耕《ぎゅうりこう》の導入など勧農政策をおしすすめてきた新羅は、法興王(在位五一四~五四〇)のとき、「律令」(『三国史記』新羅本紀第四)にもとづいて統治機構を整備。対外的には、南の伽耶(加羅)地方に進出していまの釜山一帯まで勢力をのばすが、それは長い海岸線をもつものの良港の少ない新羅にとって、対馬海峡~日本海への出口の確保を意味した。

ついで真興王(在位五四〇~五六七)の時代には、半島を横断して西海岸に出る大作戦に成功。五五一年のこと、境を接する高句麗と百済が戦ったその間隙をつき、漢江《ハンガン》下流一帯(いまのソウル付近)を百済からうばって、五五三年には新州《シンジュ》をおく。地図(**図3-1**)にみるごとく、半島の東岸に位置する新羅は、陸路で中国の華北へ行こうとすれば高句麗にはばまれ、南にいたろうとすると航海に長じた百済の協力が不可欠だった。しかし、いまや西海岸に到達したことで中国へ直行便が出せるようになり、五六四年には、漢山城《ハンサンソン》の河口から出港して黄海を横切り、河南省の鄴《ぎょう》に都のあった北朝の斉(五五〇~五七七)に使節を送っている。

そして新羅は、南北中国の統一をはたした隋(五八一~六一九)と、これを打倒・継承

図3－1　4世紀以降の朝鮮半島（『韓国の歴史散歩』山川出版社、1991年）

した唐（六一八～九〇七）から、支配の方式と官僚制度を積極的に導入。また国力の充実をはかるや、唐軍とむすんで六六〇年に百済を、六六八年には高句麗をほろぼすにいたる。さらにそのあと、親唐政策を大転換、半島に居すわる唐軍を追い出して、六七六年、ほぼ完全な統一と独立を達成する。

　その間、前章でしばしば出てきた文武王は、六七一年、唐の戦艦七十余艘に勝ち、六七三年には兵船百をもって西海を鎮守させ、六七五年ふたたび唐船四十を打ち破る。そして唐軍を駆逐した三年後の六七八年には、兵部から船府を独立させ、長官をおいて、船に関することをつかさどらせた。

　かくして新羅は、これ以後、海洋国家として雄飛し、その商人たちも黄海から東シナ海、日本海での交易に乗り出した。勢いのあまり、新羅の海賊が北九州沿岸をうかがったことは、日本側の資料に散見する。もちろん、両者のあいだには正式な国交もあって、新羅からは六六八年以降、九二三年までのあいだに四十七回も新羅使がおとずれ、日本からの遣新羅使は六六八年から八三八年の間、二十八回におよんだ。

そのうちの七五二年、日本にやってきた新羅の使節団は七百人をこすが、その大半は商人で、船には金属工芸品・顔料・染料・香料・薬などが大量に積み込まれていた。また、新羅から唐へ運ばれた品々は、八世紀前半以降、金・銀・朝鮮人参・鷹などの自然の物産もあるが、絹の絣《かすり》・木綿布・金や銀製の器物・工芸品など。とくに官営工房で製造された毛氈《もうせん》(フェルト)は、唐や日本の宮廷でもてはやされた。すなわち新羅には、第一次産品以外、日本はもとより唐にも誇りうる製品や技術があったことになる。

そして平安時代、九世紀前半の「円仁の時代には新羅の人々が世界のこの部分〈黄海・東シナ海〉における海上をなお支配していた」(E=O=ライシャワー、田村完誓訳『円仁唐代中国への旅』〈講談社学術文庫〉、一九九九年、四三五ページ)のである。

山東半島の新羅人社会

ところで、円仁が世話になったり目撃した中国沿岸部の新羅人は、すべてが交易商人や通訳・航海者その他、積極的な海外進出組ばかりだったわけではない。

これまでたびたび引用した『三国史記』は、新羅のあとをおそった高麗時代、仁宗の命をうけて金富軾《キムプシク》（一〇七五～一一五二）が編纂したものだが、そこでは新羅史を上代・中代・下代の三つに分ける。五〇三年、はじめて「新羅国王」を称した智證《チジュン》以前が上代、それ以後のおよそ百五十年間が中代で、前述した法興・真興・文武王など新羅の興隆期から最盛期がこれにあたる。しかし、宣徳王（在位七八〇～七八五）にいたると、一転して下代百五十年の大動乱期に突入。宮廷では王位継承をめぐる熾烈な権力闘争がおこり、貴族同士の争いはひきもきらず、いっぽう連年にわたる災害と飢饉で、農民は流浪の生活をしいられた。とくに九世紀に入ると、流民は盗賊化して各地で蜂起し、貴族の反乱もあいついで、戦乱は全土にひろがり深刻化、かつ慢性化した。

八世紀後半、奈良朝の日本にのがれて「帰化」したものが数百人いたらしいが、他方、『旧唐書』東夷伝新羅国の条によると、唐の浙東《せっとう》（浙江省東部）に食糧を求めるもの一七〇人という。海賊により拉致され中国で売られて奴婢となった新羅人も、少なからず存在した。同じころ、山東省でおこった節度使《せつどし》の反乱を鎮圧するため、唐朝は新羅に兵三万の派遣を要請したが、そのまま居残った兵士もいたようだ。

すなわち中国の沿岸部には、積極的な進出組のほか、海をわたって流れてきた貧民や飢《き》民《みん》、海賊により売られた奴婢、派遣されてきた元兵士など、雑多な新羅人が居住していたのである。

赤山法華院

三月三十日、七時五十分、ホテルを出てゆるい坂道をのぼり、赤山にむかう。港湾関係の仕事と漁業と観光で、このあたりはかなりにぎわっているようすだ。

図3－2　赤山と伽藍の一部

円仁が「赤山は純《もつぱ》ら是《これ》巌石高く秀で」と書いているごとく、海抜三四四メートルの赤山の上部は峨々たる山塊（図3－2）。遠くからながめると、山肌はピンクがかった白にみえたが、山上から運び下ろしたという巨石を近くでみたときは、赤味を濃く感じた。赤山という名は、やはりここから出たのだろう。

つづいて円仁は、「この山裏に寺あり」と記し、さきほどの見聞を事細かに述べているが、それははじめてこの寺をおとずれた八三九年での印象。在唐九年、いよいよ帰国するにあたり、赤山浦で使船を待つべく、会昌五年（八四五）九月二十二日、ふたたび「赤山院に住せんと」したところ、勅命により破壊されて、「房舎の居るべきものなし」というありさまになっていた。すなわち、円仁も還《げん》俗《ぞく》（出家者がふたたび俗人にかえること）のうえ帰国を余儀なくされた武《ぶ》宗《そう》による会昌の廃仏は、地方の寺院においてまで徹底しておこなわれていたのだ。全国的にみると、破壊された寺院四六〇〇余、還俗させられた僧尼は二六万五〇〇人。

さきにふれたように、最大のスポンサーだった張宝高の死（八四一年）と、それにつづく会昌の廃仏（八四五年）で、赤山法華院はあとかたもなく消滅した。それより約四百年後の元代、赤山の周辺には千余の家があったというが、法華院の跡地には、さらにそののちの明・清時代、小さな仏寺や道観（道教寺院）がわずかに存在する程度だったらしい。民国時代になって、一九二三年、二人の日本人が円仁の足跡をたどろうとしたが、法華院の跡をみつけることはできなかった。

ところが、一九八七年、地元の郷土史家・田正祥氏により赤山法華院址がつき止められた。

南北に巌岑〔峰〕あり、水は院庭を通して西より東に流る。東方は海を望みて遠く開け、南・西・北方は連峯壁を作《な》す。

（一七六ページ）

（南と北は峰で、寺の境内を西から東へと水が流れている。東方は開けて海がみえるが、南と西と北には山が連なっている）

という『巡礼行記』の記載と一致する場所である。ここでは以前から唐代の土器片、僧侶の墓石などが見つかっていた。翌八八年には、日中合同の調査が実施され、寺址が確認された。ここには現在、重さ約二〇トンの巨石を利用して、「赤山法華院址」ときざんだ記念碑が建てられている（図3－3）。

図3－3 「赤山法華院址」記念碑

私たちは、広大な寺域をグルグル見てまわる。はるか東方に石島湾が鈍色《にびいろ》に光ってみえる。

円仁一行は、八カ月ほど赤山法華院ですごしたあと、山越えの道に難儀しながら、四〇〇里（二二五キロメートル）を数日間かけて、「文登界の赤山従《よ》り登州に到」った。時に八四〇年三月二日のこと。登州には、文登など四県を管轄する都督府が置かれていた。円仁は登州の開元寺に十日間滞在して、山西省の五台山《ごだいさん》巡礼のための準備をしている。これよりまえ、たまたま法華院にいた新羅僧に説得されて、当初希望の浙江省天台山行きは断念、あらためて五台山をめざしていたのだ。

唐代の登州は、いまの蓬萊《ほうらい》。私たちは、雨もよいのなか、赤山風景区を出て威海までは内陸部を、威海からは煙台《えんたい》をへて蓬萊まではおおむね海岸にそって行く。円仁の時代と同じく塩田があるらしいが、それには気づかず。畑地は肥えている感じ。都市部では、時おりハングル文字の看板をみる。

それはともかく、円仁は、五台山をへめぐって陝西省長安に滞在したあと、帰路も山東省の登州を経由して文登にもどり、八四七年、赤山浦から新羅商人の船で帰国している。そして、これより百七十年ほどまえの六七一年、たぶん同じ長安……登州――文登のコースをたどって母国新羅にむかう一人の僧があった。のち、大聖円教国師の号をおくられる新羅華厳宗の開祖、義湘その人にほかならない。しかし、わが円仁と異なるのは、義湘に関し美女善妙との艶っぽい話が伝えられている点である。

「義湘伝」について

この話の出典は、すでに述べたように北宋の賛寧が撰した『宋高僧伝』巻第四の「唐新羅国義湘伝」。とりあえずその梗概をしるすが、後述のごとく検討を要する箇所も少なくない。

義湘は俗姓を朴《パク》（正しくは金《キム》）といい、慶州鶏林《ケリム》の出身。少《わか》くして神童のほまれ高く、長じて仏門に入り、弱冠（二十歳）のとき、元暁とともに渡唐をこころみたが、その途次、ある出来事があって、元暁は帰国してしまう。しかし、義湘は一人なおも旅をつづけ、唐の総章二年（六六九）、商船に便乗して登州についた。

そして、その地の熱心な信徒の屋敷で善妙という美しい少女から求愛されるが、道心堅固な義湘はそれをこばんで、かえって教えみちびき、仏法にめざめた彼女は、援助を申し出て、その旅立ちをはげました。

長安に滞在すること数年、智儼三蔵のもとで『華厳経』を修めた義湘は、帰国の途次、ふたたび文登の支援者の家に立ち寄るが、善妙とは再会をはたさぬまま、船出してしまう。

いっぽう、義湘のため法服や仏具をととのえて待っていた善妙は、遠ざかる船を見るや、念力によってそれらの品を入れた箱を船上に飛ばす。そして、みずからは海に投じて龍となり、船を背にのせて、新羅の岸まで送りとどけた。

さらに、義湘が華厳の教えをひろめるにさいしては、善妙龍はつきしたがって身辺をまもり、あまつさえ巨石となって、布教に反対する群僧を追い払い、義湘が浮石寺に入るのをたすけた。

このほかにも神変不可思議なことがたびたび生じ、かくして義湘は多くの弟子を訓育・教導、また著作も数点あらわして、ついに海東華厳の初祖となった、と。

義湘の伝記的事実については、第二章でふれた「浮石本碑」にもとづき、それによって『宋高僧伝』を検討し直した八百谷孝保氏の「新羅僧義湘伝考」（前出）が、いまだにスタンダードな地位をたもっている。

以下、八百谷説によりながら、生涯のポイントを摘記するなら、

生年　唐の武徳八年（六二五）。

出家　貞観十八年（六四四）、二十歳のとき。

渡唐　第一回目は永徽元年（六五〇）。元暁とともに陸路で出発するが、高句麗に拘留されて果たせず。
第二回目は龍朔元年（六六一）。一人で海路を利用、揚州にいたり、州将劉《りゅう》至仁《しじん》の供養をうける。

在唐　龍朔二年（六六二）、終南山至相寺にて、智儼に学ぶ。
総章元年（六六八）、智儼の示寂にあう。
帰国　咸亨二年（六七一）。
伝教　儀鳳元年（六七六）、浮石寺を創建。
示寂　嗣聖十九年（長安二年、七〇二）、七十八歳。

ところで、「義湘伝」の梗概の箇所で、一緒に出発した元暁は「ある出来事」があって途中で引き返したと述べたが、じつはその理由として華厳思想特有の所説が示されている。おもしろい話なので紹介しよう。

慶州をたった二人は、新羅の西海岸に出て、そこから渡海しようと計画したが、運悪く大雨にあってしまい、やむなく道端の洞穴で一夜を明かした。ところが、気がつくとそこは古墳の玄室《げんしつ》の中で、周囲には人骨が散乱している。つぎの日も雨だったので、もう一泊すると、今度は怪奇な現象がおこった。そこで元暁は、「前の晩に泊ったときは、たんに洞穴と思っていたので、安心して寝た。ところが、ここが墓の中だと気づいたので、なんとも気味が悪い。つまり心の状態によって不思議なことがおこるのだ」とさとり、そこで「三界唯心、万物唯識、心外に法無し、胡《なん》ぞ別に求むるを用ひん」（人が活動する全世界はただ心、つまり万物を識別する働きだけだから、心の外に真理というものはない。ことさら他国まで行って、それを求める必要はない）と、みずから断じたのだ、と。

そもそも、前出の智儼（六〇二〜六六八）や法蔵（六四三〜七一二）によって唐代に大成された華厳宗は、隋代に成立をみた天台宗を意識しつつ、東晋のとき漢訳されていた『華厳経』にもとづき、唯識説なども取り入れ、総合的な仏教思想として形成された。この「三界唯心、万物唯識」の説は、『華厳経』十地品《じゅうじぼん》にある「三界《さんがい》は虚妄《こもう》にして、但だ是れ心の作《さ》なり」（三つの迷いの世界は仮にあらわれている空虚なものであって、ただ心が作り出しているにすぎない）と重なる。元暁のエピソードはうまくできているが、おそらくこれにもとづいて創作されたものだろう。ちなみに、この話の主役は元暁だから、ほんらい『宋高僧伝』の「義湘伝」ではなく「元暁伝」の方に収められるべきものと考えられる。

それはともかく、元暁（義湘も）の帰国には、こうした観念的なものとは異なる現実的な理由があったようだ。前章でときおり引用した『遺事』巻四「義湘伝教」によると、遂に元暁と道を遼東に出づるも、辺戍の邏《ら》〔卒《そつ》〕は諜者《ちょうじゃ》と為し、囚閉せらるること旬を累《かさ》ね、僅《やうや》く免れて還る。永徽の初、唐の使舡《しこう》の西に還る者に会し、寓《たま》ま載せられて中国に入る。初め揚州に止まり、州将劉至仁、衙内《がない》に請ひ留め、豊贍《ほうせん》を供養す。

（義湘は元暁とともに西海岸へ出たが、国境警備のパトロールにスパイとみなされ、収容されること数十日。ようやく放免されて新羅にもどった。永徽年間〈六五〇～六五五〉の初め、たまたま唐の帰国船があったので乗せてもらい、揚州についた。そこで州の軍管区長・劉至仁が役所に泊めて、厚く待遇してくれた）

とある。ここにみえる「永徽初」よりまえの六四八年、新羅の将軍金春秋《キムチユンチユウ》（のちの武烈王。在位六五四～六六一）は唐から帰国の途中、渤海の海上で高句麗の巡邏《じゅんら》兵《へい》にみつかり、かろうじて難をのがれている（『三国史記』新羅本紀第五）。上述したように、これより百年まえ、新羅は漢江下流まで進出して半島の西海岸に出ることができるようになったが、この方面で高句麗の勢力はなおあなどりがたかったのだろう。両者の関係は依然として緊張状態にあったわけで、『遺事』巻四が述べるように元暁と義湘がその国境において高句麗兵によりスパイ容疑で拘禁されたと考える方が、渡唐失敗の理由としては現実的と思われる。

一回目の渡唐が失敗したあと、今度は義湘一人で出かけるわけだが、そのルートについて「義湘伝」は、「商船に附して、登州の岸に達」したとする。しかし、これは新羅の西海岸から出航して渤海をわたり、山東半島北岸の中程にある登州にいたるコースだから、高句麗の目と鼻の先を通ることになり、金春秋の場合と同じように、その巡邏船に拿捕《だほ》される危険性が高い。これに対し、『遺事』は、第二回目の義湘一人の渡唐として、「永徽初」、帰国する唐使の船に便乗して江蘇省の揚州についた、とする。このころ新羅と唐は友好的な関係にあり、両者は協力して六六〇年に百済を、六六八年に高句麗をほろぼすわけだから、それよりまえの「永徽初」年、新羅僧義湘が唐船に乗せてもらって唐土についたというのも、ありえぬ話ではない。

しかし、第二回目の渡唐の試みは、朝鮮半島の南西部にあって黄海から東シナ海を制圧していた百済がほろんだ一年後の龍朔元年（六六一）とすべく、そのさいなお健在だった高句麗の領海をさけて、はるか南の揚州についた、とみるのが妥当ではなかろうか。ちなみに、「浮石本碑」は、この龍朔元年説をとっている。

では、義湘は唐土のどこで善妙と出会ったのだろうか。

ロマンスの舞台

八百谷氏は、以下のように推測される。

そもそも、『宋高僧伝』の序によると、撰者の賛寧は、史籍や碑文・諸記録を読みあさったほか、土地の古老からの聞き取りも利用したと記しているが、「義湘伝」の材料は、このうち「耆旧《きぎゅう》の先民」(元からいた人)、それも新羅関係者の伝承にもとづいたものだろう。しぼっていうと、それは唐代、数多くの新羅人が居住していた山東半島の登州だった可能性が高い。

義湘と善妙との説話に就いては、朝鮮所伝の揚州に上陸し、州将劉至仁の衙内に或期間留まって豊贍《ほうせん》を供養せられたとするものを、山東登州に上陸し、一信士の家より数年に亘《わた》って資縁の供給を受けたと潤色し、その間にこの家の娘善妙との恋愛問題へと迄《まで》転化発展せしめられたと考えられる。

つまり八百谷説によれば、『遺事』が義湘の上陸地を江蘇省揚州とし、その地の長官劉至仁のところでしばらく厄介になった、としているのが史的事実に近いが、「義湘伝」は山東省登州に上陸し、その地の篤信者の家に草鞋《わらじ》をぬぎ、その家の娘とのラブ・ロマンスにまで話をふくらませた。そして、このフィクションの元になったのは、登州に住む新羅人の言い伝えだった、というのである。

揚州には、二〇〇六年三月末に一度行ったことがある。日本に戒律を伝えた鑑真和《がんじんわ》上《じょう》(六八八〜七六三)ゆかりの大明寺や文峰塔その他をまわったが、文峰塔のすぐそばに「古運河」ときざんだ石碑が立っていた。いわゆる京杭大運河は、ここを中間点に、北の北京近郊と南の浙江省杭州までのびているわけだ。揚州は物流の中心として、唐代、経済的繁栄は長安や洛陽以上だった。

そして、「美女の町としても、大商人の町としても知られている」揚州で、義湘と善妙は出会い、「美しく烈しい恋物語」が生まれた、と井上靖氏はいう(『古寺巡礼　京都・高山寺』淡交社、一九七七年、七一ページ)。「小説家的立場から、ある程度の推理と判断による解釈」と言っておられるが、はたしてこの説、いかがなものだろうか。

それなら、いっそのこと「義湘伝」の記述をそのまま信じて、ロマンスの舞台を登州とするのはどうか。

二〇〇九年三月三十日、私どもは赤山から威海・煙台をへて、昼すぎ蓬萊についた。さきにふれたように、蓬萊は唐代の登州である。海際に立つ丹崖山の上に蓬萊閣など六つの建物があり、そこから見れば北の遼東半島にむかって点々とつらなる廟島群島がのぞめるはずだ。残念ながら、当日は曇っていて遠望できなかったが……。

唐代には渤海新羅道の出発地で、その城南の街東には新羅館・渤海館という両国の在外公館が置かれていた、と円仁は記している。二〇〇二年、阿南＝ヴァージニア＝史代氏がおとずれたゲストハウス蓬萊飯店というのが、かつての新羅館の跡地であるという（『円仁慈覚大師の足跡を訪ねて─今よみがえる唐代中国の旅─』ランダムハウス講談社、二〇〇七年、六一ページ）。登州は文登とならんで、山東半島における新羅人の根拠地の一つだった。

そして、この蓬萊＝登州こそがフィクションとしての義湘・善妙説話の誕生地だった、と前記八百谷氏はみなした。この説はつとに一九三八年に発表されたものだが、いまだに強い影響力をもっている。

しかし、義湘・善妙の物語が生まれたのは登州ではなく、登州管下の文登だったと思われる。われわれがたどってきたように、文登は山東半島の東端であり、いっぽう、登州＝蓬萊は半島北岸の中程に位置する。従来の説は、両地を混同しているのではなかろうか。

「義湘伝」によれば、義湘はまず商船に便乗して登州に上陸し、「一信士（信徒）の家」

にいたったあと、帰りには「復た文登」の「旧《もと》の檀越（支援者）の家」にもどり、数年間におよぶ援助を感謝し、商船に乗せてもらって帰国した、という。しかし、往路に上陸した「登州」とは登州管下の文登県とみるべく、こう解釈すると、復路でも「復た文登」に立ち寄った、と辻褄《つじつま》が合ってくる。むろん登州の「一信士の家」と文登の「檀越の家」は同じで、だから後者については「復た」「旧の」と記されているわけだ。のちの円仁の日記より推測するなら、この家は仏教のさかんな文登県の、それも新羅人有力者の屋敷ではなかったか。

さらにいうなら、義湘が入唐したころ、半島北岸の登州に新羅船が近づくことは敵対する高句麗との関係からしておそらく不可能で、高句麗がほろぶまえの龍朔元年（六六一）に、新羅船か唐船に便乗して揚州に到着したあと、また船を乗り換えて海路を北上し、登州文登県の赤山浦に入港した、とみるのが自然だろう。前述したように、文登は山東半島における新羅人の有力根拠地だが、そこは交易商人など積極的な海外進出組が営んだところだったと思われる。

このように、義湘が文登在住の新羅人仏教徒の世話になり、在唐中、財政的な援助をうけた可能性は大いにある。しかし、その家に、はたして善妙という娘がいたかどうか。

善妙の実像

「義湘伝」の記述には、不可解なところが散見される。

たとえば、善妙がほんとうに「一信士の家」の娘なら、帰国にさきだち義湘が当の「檀越の家」に立ち寄ったとき、なにゆえ両人はそこで再会せず、義湘の船出を知ったあと、彼女はあわてて港に駆けつけることになったのか。

それよりまえ、義湘の教えを聴いて翻然とさとった彼女が、「必ず檀越と為り、資縁を供給せん」とちかい、その帰国にそなえて「預《あらかじ》め〔義〕湘の為に法服と諸々の什器を辦集」していたというのも、「一信士の家」とは別に、独自の財力を持っていたことをうかがわせる。

女性だから「麗服靚粧《れいふくせいしょう》」、つまり美麗な衣をつけ、粉黛《ふんたい》（おしろいとまゆずみ）をもって化粧するのはよいとして、「巧媚（巧みに媚びる）をこれ誨《しめ》」したというのは、「少女」それも信仰あつい良家の子女にふさわしくない。義湘のかたくなな態度に業《ごう》を煮《に》やして、「女調《あざけ》るも答へられず」というのも、「何よ、この意気地なし！」といった感じで、誘引の技巧とみてよさそうだ。

ちなみに、八三九年四月二十六日、文登県近くの乳山浦《にゅうざんほ》に寄港した円仁は、「船を下りて岸に登るに、多く娘子《じょうし》あり」と記しているが、船着き場にゾロゾロ出てきた娘子たちとは、あるいは遊女だったかもしれない（今西龍『新羅史研究』国書刊行会、一九七〇年、三三六ページ）。ふつう娘子とは娘・妻・大官の夫人のことだが、唐の長安の遊里のさまを記した崔令欽の『教坊記』は、その種の女性を娘子とよんでいる。

つまり、円仁の目撃談をさかのぼらせつつ、上記のような「義湘伝」の行間からは、ハデな衣装を着て化粧も濃く、男心を巧みに誘う手管《てくだ》を身につけて、自由になる資力も持っている女性像が浮かび上がってくる。善妙はおそらく「義湘伝」がえがいたごとき深窓の令嬢などではなく、港町の遊女というのが実体だろう。たぶん二十歳すぎで、かなりの売れっ妓《こ》ではなかったか。そんな彼女が義湘に一目惚れしたのは、その「容色挺抜」だったからだが、たぶん同じ新羅人という親近感もはたらいていただろう。

これに対し、義湘は三十六歳の男盛り。彼の方も、大いに魅せられるところがあったようだ。

疑ってみれば、「一信士の家に到」ってから、なぜすぐ目的の長安にむけ出立せず、「留連すること既に久し」かったのか。義湘が居つづけたのは、「一信士」の家だったとしても、気持ちは善妙のところにあったとみてよさそうだ。これとは逆に、帰国の途次、ふたたび文登に立ち寄ったものの善妙と会わなかったのは、修行者の身として疚《やま》しさを感じ、あえてこれを避けたのだろう。それにもかかわらず、いざ出港となると、「逡巡して纜《ともづな》を解」いている。こうした矛盾にみちた行動に、善妙に対する心の揺れ（＝未練）を読み取ることは、比較的容易である。

「義湘伝」によれば、善妙は義湘の帰国にそなえ、あらかじめ「法服ならびに諸々の什器」を箱につめて準備していたという。新羅で教えをひろめるさい用いるべき僧衣であり、仏具だろう。僧衣についていうなら、そもそも衣とは霊をつつむもので、それを贈ることは魂の分与を意味する。こうした観念は古代のみならず、近世でも海民のあいだで根強くのこっており、たとえば新造した船に船主の妻の毛髪や着物の切れ端を収めたり、あるいは船で旅立つ兄弟にその姉妹が身につけていたものを持たせる例がある。衣には女の霊がこもっていた。「法服」は、彼女が愛情を込めて一針一針縫ったものではなかったか。

しかし男は、それを受け取る機会をさけ、逡巡しながらも帰国の途についた。遠ざかりつつある船をみて、善妙は「これを呪」う。愛情を裏切られたと感じたにちがいない。そして彼女は、海に投じてまで、義湘のあとを追おうとした。

鎌田茂雄氏の前掲『韓国古寺巡礼』新羅編にいう。

おそらく義湘が入唐した時、この地において一人の遊女と仲好くなったという説話が、新羅人のあいだに語り伝えられて、それがまことしやかに伝わり、ついには『宋高僧伝』の中に書かれるに至ったのであろう。（一三二ページ）

また鎌田氏は、円仁の旅行記の前掲部分を引いて、「この登州付近〔文登県〕には当然のこと新羅の娘たちもいたことであり、あるいは遊女もいたかもしれない。このような舞台を背景に善妙伝説が生まれたのであろう」（前掲『朝鮮仏教史』、八二ページ）とされる。

義湘が一人の遊女と親しんだという話は、フィクションではなく、おそらく事実だろう。そして文登の新羅社会の人びとは、哀れな遊女の入水に同情して、彼女が死後龍に化し、義湘を新羅に送りとどけた、という説話を生み出したと思われる。

ではなぜ、善妙は龍とされたのか。

善妙化龍

義湘が母国にむけ纜《ともづな》を解いた日、おそらく海は荒れていたにちがいない。それにもかかわらず、義湘の船が無事新羅の浜についたという知らせが後日もたらされたとき、文登の港の人びとは、善妙は死して龍となり、義湘を送りとどけたと信じたのではなかろうか。私がそう推測するのには、もちろん根拠がある。

円仁の旅行記によると、山東半島の南側の海州（江蘇省）沿岸に海龍王廟があり、また渤海に面した登州の「海岸に明王廟あり、海に臨んで孤標（孤立）す」という。この明王廟は、北宋の元豊八年（一〇八五）、登州の知事として赴任した蘇軾《そしょく》（東坡、一〇三六〜一一〇二）の詩「海市、並びに叙」にみえる「海神広徳王の廟」のことだろう。海龍王も海神広徳王も道教的な神だが、こうした神にむけ祈られたのが航海の安全だったことはいうまでもない。ちなみに、唐〜北宋のあいだのデータながら、南方の福建省から山東半島にやってくる朝貢使船の海難率は、四〇〜五〇パーセントだったというが、これには多少の誇張があるようだ（『日野開三郎東洋史論集』第九巻、三一書房、一九八四年、一九三ページ）。しかし航海に危険はつきもので、沿岸部にはたくさん海龍王廟が存在したものと思われる。

死して龍となり、義湘の渡海をたすけた善妙にも、海神としての性格がうかがわれよう。これについては、川村湊『補陀落―観音信仰への旅―』（作品社、二〇〇三年）に、龍となって義湘の船を運んだ善妙には「航海の安全、海上交通の守護神」としての性格が認められる、という指摘がある（八八ページ）。

前述したように、善妙は「これを呪」って自殺した。ところで、非業に死んだ人の怨念は強烈で、世に災害をもたらす存在となるが、これを神として大切にあがめるなら、逆に霊験あらたかな守護神に転化する、といった信仰は古くより根強くつづいていた。宋代以降の例でも、理不尽な死を迫られた女性を海神や観音としてまつり、海の安全を祈るという信仰は、東シナ海や南シナ海の沿岸部にいくつか見出せる。媽祖《まそ》がその代表例だろう。その神は時と場合によって、道教的な形をとったり、または仏教的な観音という姿であらわれた。

すなわち、善妙説話を生み出した文登の港の人びとは、たんに彼女を哀れんだのではなく、その霊を斎《いつ》き祀《まつ》ることによって霊威ある存在にまで押し上げ、航海の安全を祈ったのではないだろうか。前述したごとく唐代、山東半島の沿岸部に住む新羅人たちの生業は、交易といい運送といい造船といい、ほとんど海に関係していた。つまり、善妙化龍の説話は、もともと海にかかわる人びとの民俗信仰より生み出されたものにちがいない。そのうえに、送りとどけられたのが僧侶であったことから、仏教護法的な意味がつけ加わった、と考えられる。

この説話が生まれた文登県には、すでにみたように円仁渡唐のころ赤山法華院があり、毎年冬季には法華講がいとなまれていたが、そのおり薬師如来と観世音菩薩が称名讃嘆《しょうみょうさんたん》された。薬師如来が病苦を癒《いや》してくれる仏であるのに対し、観音菩薩は衆生のさまざまな願いに柔軟に応じてくれるが、赤山法華院の信徒はおおむね海運関係者だったから、その祈りは『法華経』観世音菩薩普門品、つまり『観音経』のなかにある航海安全・海事無難に特化されていた可能性が高い。そこには、「もし大水の為に漂はされしに、その名号《みようごう》を称《とな》ふれば、すなはち浅き処を得ん」(大海のなかで漂流したとき、観音の御名《みな》を唱えたなら、浅い所に着くことができる)といった経文もある。

そして、観音信仰といえば、その中心は越州(浙江省)の沖の補陀落迦山《ほだらかさん》、つまり舟山群島の普陀山・洛迦山で、梁の陸杲《りくこう》『観世音応験記』に「越州の界に観音道場あり」とみえるから、その成立は南朝のなかでもとくに仏教が盛んな梁代(五〇二～五五七)までさかのぼる。

前述したように、赤山法華院そのものは円仁が入唐したころ新羅人張宝高によって建てられたが、それ以前から東シナ海の沿岸には観音信仰が根付いていたとみてよいだろう。『巡礼行記』によれば、楚州の開元寺にて「観世〔音〕菩薩」を描くことを発願《ほつがん》、劉村では「観世音菩薩」二体を礼してその因縁を聞いたという。また登州の開元寺では、堂の内壁に日本国使の願いで観音示現の「補陀落浄土」をえがいた、と。こうした背景があって、文登の港の人びとは、龍と化して義湘を新羅まで送りとどけた善妙を観音とみなしたのではなかろうか。

そもそも、観音という仏は、西アジア方面における女神が仏教に取り入れられたものといわれるが、中国でも唐・宋あたりから女性の姿であらわされることが多い。そして、観音のいま一つの特徴は、自在にその姿を変えるところにある。新羅の地において善妙は大龍から巨石となって義湘の布教をたすけることになるが、明恵は「義湘絵」の詞書のなかで、その変身を「彼の観音の三十三身等の如し」（観音が三十三回姿を変えるようなものだ）と述べている。すなわち善妙は観音菩薩で、龍となったり巨石となったりしたのは、その化現（目にみえる形にあらわれたもの）した姿にほかならない。仏教的な考え方からいうと、善妙そのものが観音の化現ということになるのだが。

善妙説話の成立

ここで、あらためて『宋高僧伝』の撰者・賛寧についてふれておこう。生没年は九一九〜一〇〇二年で、ちょうど唐末・五代・北宋初という激動の時代にあたる。先祖は高句麗系の遺民で、姓は高《コ》氏。隋末、なんらかの事情があって、浙江省呉興の徳清県に流れてきて、その地に住んだ。賛寧は八歳から十二歳のころ杭州の祥符寺で出家し、とくに南山律を修めた。杭州に都を置いた呉越国《ごえつこく》につかえて、数十年のあいだ官僧トップの両浙僧統の地位にあったが、呉越が北宋にくだるや、今度は太宗・真宗に重用され、その没年まで僧録という最重要ポストを占めた。表舞台をつねに歩むこうした経歴から、その世渡り上手を非難する声もあったようだ。

しかし、その学は広汎・多岐にわたり、文筆にも長じていた。北宋下では二十四年間、仏教事跡の編纂と著述にたずさわったが、『宋高僧伝』三十巻は、九八二年に太宗の勅《みことのり》をうけてより九八八年にささげるまで、あしかけ七年ものあいだ心血をそそいだ苦心の作。全体の内容は唐代および五代の僧の伝記を主とするが、この書を『宋高僧伝』と称するのは、宋代に完成したからだ。

その撰述に先立っては、「事跡を遐求《かきゅう》し、碑文を博採」（事件の痕跡を捜し求め、碑文をひろく採集）したというが、具体的には「あるひは誄銘《るいめい》を案じ、あるひは志記に徴し、あるひは輶軒《ゆうけん》の使者に問ひ、あるひは耆旧《ききゅう》の先民に詢《たず》」ねた（弔辞を検討し、歴史書に証拠を求め、天子の使臣に質問し、旧くからの住民に訊いた）。つまり多方面の資料からなっているわけだ。

「義湘伝」の場合について分類すると、三つの位相の異なる要素がふくまれているようにみえる。

前述したように、一つ目は善妙が港町の遊女だったと推測させるなど、実話的な部分。

おそらく、編集者が人を文登につかわして、土地にのこる言い伝え（「耆旧の先民」の所伝）を拾わせたもので、それが文章に反映されている。

二つ目も山東の沿海民から聞き取った話で、死して龍となり航海安全の神とされた海神善妙の伝説。じっさいに善妙廟が存在した可能性もある。

そして三つ目は、新羅にもどった義湘が浮石寺を建てたという伝聞をもとに、善妙龍の巨石飛行説話へと誇大化された部分。「浮石」から「飛石」へとイメージをふくらませたわけだから、おそらくこれは文字を知る者、具体的には賛寧のもとで執筆にあたった弟子の顕忠や同元、相国寺の智輪らのなすところだろう。

このようにして善妙の話はその中核部分が形づくられたが、最後にたっぷり文飾が加えられて、いまみるような「義湘伝」の善妙説話として完成された。

では、ヒロインの名は、はじめから善妙といったかどうか。

ところで記録上、日本で最初の尼僧は、渡来人司馬達等《しばたつと》の女《むすめ》、俗名を嶋《しま》といった善信尼（五七四〜？）で、百済に学んで帰国した五八九年、桜井寺（別名向原寺《むくはらでら》・豊浦寺《とゆらでら》）に住んで、善徳・善妙・妙光・善聡・善通・妙徳・善光など多くの尼僧をみちびいた（『日本書紀』巻第二十一、崇峻天皇条）。このうち、善妙については「新羅媛《ひめ》善妙」とあるから、新羅からの渡来系氏族の娘で、おそらく善信尼から一字をもらったのだろう。もちろん、これより後の六六一年、山東半島の文登に立ち寄った新羅僧と因縁をもったところの善妙とは、まったく関係がない。

しかし、善信尼の弟子たちが「善」と「妙」のどちらかの一字をつけているように、「善妙」というのはいかにも尼僧らしい名前だ。もちろん、わがヒロインは正式に出家得度したわけではないが、彼女が護法説話に取り込まれた時点で、善妙という法名をあたえられたのだろう。いいかえれば、文登の港町の遊女が土地の「一信士」の家の「少女」に設定しなおされ、さらにその少女が義湘への恋が通じないとさとり、「頓に道心を発《おこ》し」て仏法に帰依したと物語られた次元で、彼女は「善妙」となったわけだ。

これと関連して、「義湘伝」による文飾の一例をみよう。

名を善妙といふ。巧媚これを誨《しめ》す。湘の心、石のごとくにして転ずべからず。女調《あざけ》るも答へられず。頓《とみ》に道心を発し、前に於て大願を矢《ちか》ひて言ふ、「生生世世、和尚に帰《き》命《みょう》せん、云々」と。

（名を善妙という。義湘をみて一目ぼれし、気を引こうと巧みに媚びたが、義湘の心は石のように固くて揺るがない。そこで女は義湘をあざけったが、その道心堅固なのをみて、ただちに仏道に目覚め、誓って言った。「いつまでも変わらず和尚さまに帰依いたします、

云々」と）

もちろん、「湘の心、石のごとくにして転ずべからず」は、『詩経』邶風《はいふう》の柏舟《はくしゅう》篇の「我が心は石にあらず、転《ころ》がすべからず」をふまえる。また、「生生世世」は現世でも来世でもの意だが、『無量義経』の巻頭その他にみえる習見の辞。「義湘伝」はこれらの典故・慣用句を用いて、義湘の高徳と善妙の帰依心をえがいているのである。

そして、このあと善妙が龍になってからの活躍ぶりは、義湘の乗った船を背に負って海をわたる場面や、巨石と化して群僧を追い払う場面でじゅうぶん活写されている。

完成した形での「義湘伝」において、善妙は高僧布教説話の引き立て役を演じさせられているわけだ。

『宋高僧伝』「義湘伝」のことはこれくらいにして、当地の民間信仰において、善妙はどのような扱いをうけたのだろうか。

山東半島の善妙廟

三月三十日、赤山法華院で、『赤山文苑』二〇〇八年第二期という雑誌を頂戴した。

そのなかに、張起明・滑庭玉両氏による「義湘と赤山の尽きせぬ縁」という一文があり、末尾につぎのごとき地元での聞き書が引かれていた。

赤山浦付近に住む老人らのいうところによると、善妙が海に投じた後、于家庵《うかあん》という村では、むかし赤山の海岸に善妙廟を建てた。漁民らは、新羅人が「善妙は死んだのではなく、大龍と化して新羅国に行ったのだ」と言うのを信じて、小さな廟を建て、龍王廟とよんだ。その後も龍王廟にはいつも線香の煙が絶えなかったが、二十世紀の六〇年代にいたって、ついに破壊されてしまった、と。（拙訳）

于家庵なる村は、いまの行政区でいうと「威海市 文登区 文登営鎮 于家庵」である。つまり、一九六六年から始まる文化大革命のとき、旧四悪（旧い思想・文化・風俗・習慣）の一つとして破壊の対象となるまで、赤山浦ぞいの于家庵村には「善妙廟」＝「龍王廟」が存在していた、というのだ。執筆者の一人・張起明氏には、「義湘伝」と当地の伝説にもとづいた『禅情』（南方出版社、二〇〇〇年）という歴史小説がある由。そこに「善妙廟」のことが出ているかもしれないが、まだ披読の機会がない。

それはともかく、赤山浦の海辺に善妙廟があったことはたしかと思われる。

京都の北山にはかつて善妙寺という尼寺があり、高山寺はいまも「善妙神立像」をまつっている。

韓国・浮石寺の本殿のそばには、小さな善妙閣が立っており、その中に善妙の画像が飾られている。

そして山東半島の赤山浦于家庵村には、一九六〇年代まで善妙廟が存在したという。

結論をいうなら、唐代、山東半島の沿岸で航海安全の海神としてまつられた善妙は、義湘が新羅へ華厳の教えを伝えるにさいし護法のための龍神とされ、これをうけてわが明恵は「華厳擁護」の女神として善妙を勧請したのである。

以上によって、〝善妙神のルーツを求めて〟という長い調査行も、ようやく終わりをむかえることができそうだ。

しかし、さらに述べておきたいことがいくつかある。

第四章　善妙における〈性〉と〈聖〉

――ふたたび善妙寺にて――

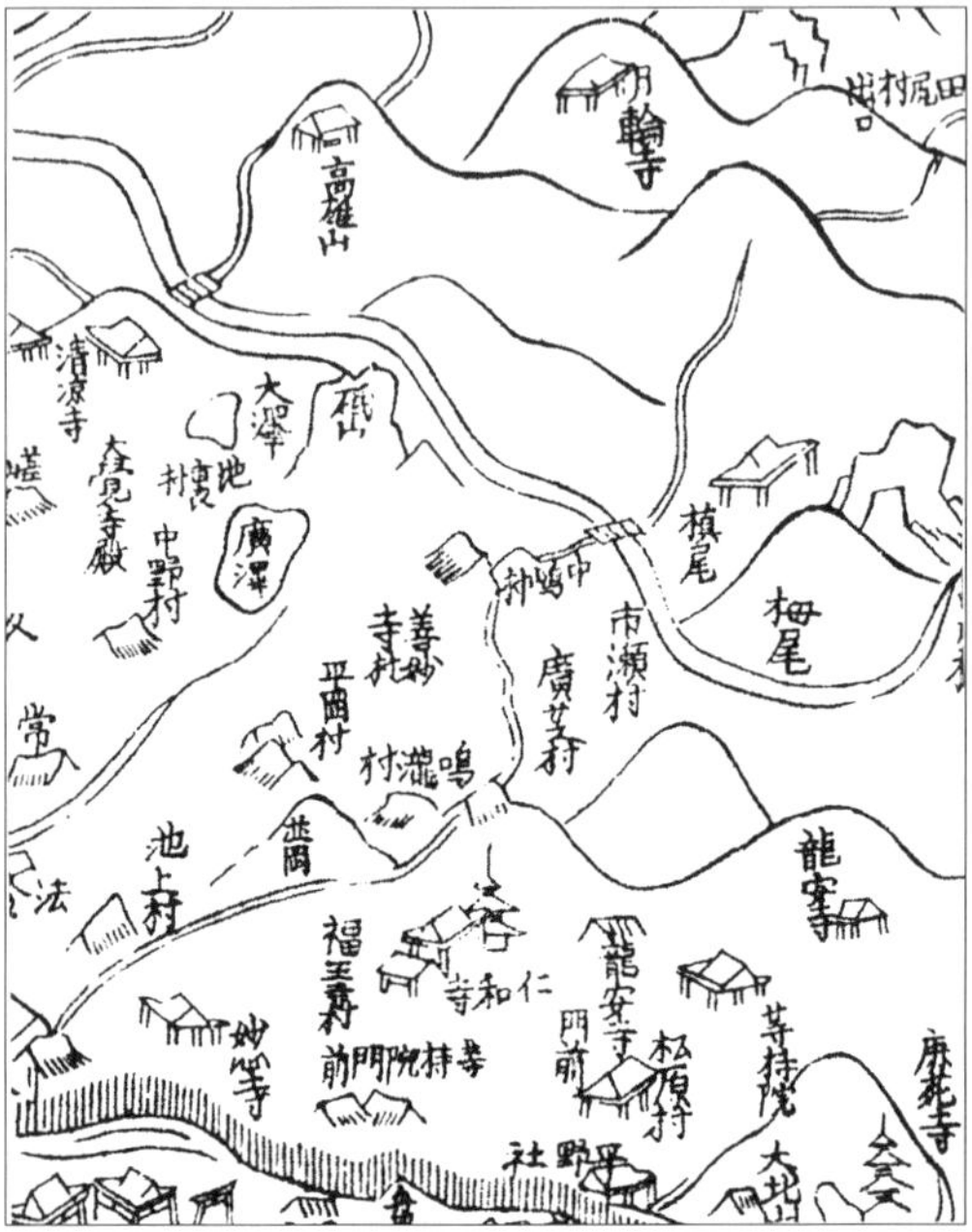

栂尾周辺地図
（『雍州府志』上、〈岩波文庫〉、2002年）

善妙遊女説をめぐって

唐の開成四年（八三九）四月二十六日巳時（午前十時前後）、遣唐大使に同行した円仁は、文登県近くの「乳山の西浦に到り船《ふね》を泊めて停住」したが、

船を下りて岸に登るに、多く娘子〈婦人〉あり。（前掲『入唐求法巡礼行記』1、一六七ページ）

という経験をした。いま平凡社〈東洋文庫〉本は、引用のごとく「娘子」を「婦人」と釈している。しかし、乳山の船着場にゾロゾロ出てきた「娘子」たちとは、一般の婦人にあらず、おそらく遊女ではなかったか。この説は、つとに今西龍博士の述べたところである。ふつう娘子とは娘・妻・大官の夫人をいうが、唐の長安の遊里のさまを記した『教坊記』は、妓女のことを娘子とよんでいる。

そして、今西説に示唆をうけたか否かは明らかでないが、鎌田茂雄氏も円仁の旅行記を引いて、

この登州付近には当然のことながら新羅の娘たちもいたことであり、あるいは遊女もいたかもしれない。このような舞台を背景に善妙伝説が生まれたのだろう。

（前掲『朝鮮仏教史』、八二ページ）

と推測された。「善妙伝説」とは、この場合、「義湘が入唐した時、この地において一人の遊女と仲好くなったという説話」である（前掲『韓国古寺巡礼』新羅編、一三二ページ）。しかし、善妙の素性については、『宋高僧伝』「義湘伝」にもとづいて、「一信士の家」の娘、つまり信仰あつい良家の子女とみなすのが一般的なようだ。

ところが、善妙遊女説は、おそらく鎌田氏の所説とは無縁に、田中貴子『〈悪女〉論』（紀伊國屋書店、一九九二年）で言及されている。

今まで義湘の教えに従う聖女として美化されて来た善妙であるが、身中に竜蛇を養い、遊女のように義湘を誘惑する〈悪女〉としての側面は、詞書を越えて画面ににじみ出ている。

（二一九ページ）

「身中に竜蛇を養」うとは、すでにみたごとくいわゆる「善妙の夢」にもとづき、また

「画面」とは『華厳宗祖師絵伝』「義湘絵」をさす。そして、「義湘絵」中にえがかれた善妙の住む屋敷は、唐・宋時代の中国の実景ではありえず、「明恵や絵師が生きた日本中世前期の遊女の長者の家をモデルとし」たものであり（二一四ページ）、だから「善妙に遊女の面影が投影されてい」る、と（二一九ページ）。

これに対し、川村湊『補陀落―観音信仰への旅―』（前掲）は、善妙を「長者の娘」と推定し、田中説に疑問を呈する。

高徳の修行僧と遊女という組み合わせは、朝鮮にも妓生の黄真伊《ファンジニ》と智足大師《チソクテサ》の例などもあり（日本では法然と遊女の物語がある）、決して考えられないものではないと思うが、もし善妙が遊女、あるいは遊女の娘（朝鮮では妓生《キーセン》、あるいは妓生の娘、中国では妓女、妓女の娘）という伝承があったならば、義湘と浮石寺の関わりを記録している『三国遺事』にも、興味深い話として、その痕跡程度のものは残っていたと思われる（『三国遺事』の義湘伝説には、善妙はまったく登場してこない）。（七三ページ）

そして、「日本の絵師が、そうした伝承もないところで勝手に善妙を遊女（あるいはその娘）として描くことはありえないだろう」として、田中氏のいう「善妙＝遊女説には、積極的には賛同しがたい」とされた。

しかし、本書ですでに述べたように、『宋高僧伝』「義湘伝」の文章を解きほぐし、ふたたび編み直してみると、そこに遊女善妙の姿が浮かび上がってくるだろう。くわしくは、二〇〇八年、『学林』第四十八号にのせた拙稿「義湘・善妙説話の成立」を参照されたい。ところが、善妙遊女説は少しく刺激が強いためか、抵抗もあるようだ。

その一つに、二〇一一年十月、山東大学でひらかれた第六回朝鮮民族文学芸術大会での研究発表をもとに執筆された金任仲「新羅僧義湘と善妙の説話」(『文芸研究』第一一八号)がある。

このなかで金氏は、善妙が「登州の港町で媚を売る遊女だったのか、あるいは一信士の家の娘だったのかについて、断定できる明確な証拠は何もない」としたうえで、とくに「遊女」の箇所に注記して、「田中貴子氏は『善妙の素性』について、彼女」のイメージと絵巻の文脈から、「『遊女、あるいは遊女の家に生まれた娘』と推測するが、何の根拠もない見解であり、筆者は受け入れ難い」、と強く批判された。そして金氏は、

善妙は、恐らく登州の「一信士の家」の娘ではなく、揚州の州将「劉至仁」の娘ではないかと考えられる。義湘が揚州の劉至仁の世話になり、十余年の在唐期間中に善妙

から経済的援助を受けたことは事実とみてよいであろう。

と結論づけられた。たしかに、義湘は、前掲『遺事』巻四がいうように、江蘇省の揚州においてはじめて大陸の地をふんだとみるべく、州将劉至仁の手厚いもてなしをうけたと考えてよいだろうが、だからといって、善妙をその家の娘とまでいえるかどうか。しかも彼女が、義湘と会って十余年後、その帰国の報をキャッチするや、北へ直線距離にして七〇〇キロの山東省登州へ駆けつけたというのも、現実にはありえないように思われる。

ちなみに、善妙を遊女とみなし、義湘との出会いと別れの場所を同じ山東省文登とした上記拙稿も注に引かれているが、なんらの言及もなされていない。

「娘子」の両義性

ところで、今回の山東旅行のおり入手した姜宗懐『赤山法華院史話』(赤山集団、二〇〇八年)にいう。

善妙はまた義湘をたすけて功績があったので、華厳宗の弟子たちは浮石寺の境内に

「善妙閣」を建て、厚く供養した。当地の人びとは善妙を尊称して「善妙娘子」とよび、その法力は中国の観音に類する、とみなしたそうである。（六ページ）（拙訳）

尊称して「娘子」とよばれたわけだから、この場合、善妙は「娘子」＝遊女でないばかりか、良家の子女以上の娘子《ニャンズ》＝娘娘《ニャンニャン》、つまり女神であり、中国の観音にも等しい法力をそなえる存在、と理解されていたことになる。たしかに善妙龍とそれが化した巨石は、自在にその姿を変える観音を彷彿させよう。そしてこれは、「当地の人びと」のみならず、中国の場合においてもあてはまる。

唐代、山東半島の沿岸部に観音信仰が根付いていたことは、すでに論じた。その信仰圏は、南は南シナ海から北は朝鮮半島、日本列島にまでひろがっている。いうまでもなく観音菩薩は仏教のホトケだが、これに対し娘子＝娘娘は中国の民俗信仰にもとづく。こうした違いこそあれ、観音と娘娘は同じような受け取られ方をしているといってよいだろう。じっさい、同じ女神が観音とも娘娘ともよばれている例は多い。善妙娘娘は善妙観音でもあったのだ。

唐代ごろから、子孫娘娘や送子娘娘、送生娘娘など、各地で娘娘廟への参詣がさかんになるが、娘娘とはほんらい子授けの神にほかならない。そして、子宝をめぐむ女神が同時に性愛にかかわることは必然だろう。ひるがえっていうと、娘娘＝娘子が遊女の意味をもつ根拠がここにある。

しかし、善妙は遊女であること自体によって「娘娘」となり、観音にも比せられる存在になったわけではない。前述したごとく、彼女は男の裏切りを知って自殺したが、その強烈な怨念がなぐさめられることにより、一転して守護神に変化したのである。

だが、あえて原理的にいうならば、娘子とは〈性〉と〈聖〉の両義的存在にほかならない。ちなみに日本では、遊女のことを隠語で観音といった。

小箱のモチーフ

ところで、高山寺の「善妙神立像」をみてもっとも特徴的に思えるのは、両手で小箱を大事そうにささげ持っている点である。同じ唐衣《からぎぬ》姿であっても、さきにみた「春日明神立像」との違いがきわだつ。

あらためて「善妙神立像」の成立をたどると、『華厳宗祖師絵伝』の「義湘絵」を参考にして彫像されたが、この「義湘絵」は『宋高僧伝』中の「義湘伝」にもとづいてえがかれた。その「義湘伝」のある場面にいう。

其の女善妙、預《あらかじ》め〔義〕湘の為に法服幷びに諸々の什器の篋笥《きょうし》に盈《み》つ可きを辦集《べんしゅう》す。運びて海岸に臨むも、湘の船已に遠ざかる。其の女これを呪ひて曰く、「我れ本と実心に法師を供養せり。願はくは是れ衣篋、前の船に跳入せよ」と。言訖《おは》りて篋《はこ》を駭浪《がいろう》に投ず。頃《やや》有りて、疾風これを吹くこと鴻毛の若《ごと》きのみ。

（善妙は義湘のために法服と仏具を行李《こうり》につめて待っていた。義湘帰国の報に接し、荷物を持って海辺に駆けつけたが、義湘の乗った船はすでに出港していた。そこで善妙は、「心から法師をお援けした。この荷物が飛んで船まで届くように」と言って、これを波間に投ずると、風が吹いて、軽々と船中に運んでくれた）

「法服」とは袈裟、「什器」とはこの場合、仏具だろう。それらを篋笥（竹や柳で編んだ行李）にいっぱいつめて海辺まで運んだというのだが、えがかれた絵（四五頁、**図1-7**）によると、侍女はさほど重そうには持っていない。また、続く場面では海上を鳥の羽毛のように飛んでいったというが、絵の方では箱は波間にただよっている。文章と絵のあいだのそうした矛盾はともかく、明恵がこの箱に重要な意味を込めたことはたしかなようだ。

明恵は画中の三つの場面に、それぞれ絵詞をつけて、

「善妙、道具をもたせてまいるところ」
「善妙、はこをすてて、なきかなしむところ」
「善妙、はこをなぐるところ」

と書いている。そして、これらのコメントからもわかるように、善妙は自分で箱を持っておらず、またすでに手から放している。とくに**図1－7**の場面では、善妙は顔をおおって泣きじゃくり、そばで箱をささげ持つのは侍女の方だ。

ところが、高山寺の「善妙神立像」では、善妙みずから、いかにも大切そうに金色の蓋のついた小箱をささげ持っている。既述したように、**図1－7**の善妙と侍女を一つに合わせて「善妙神立像」がつくられたのだろう。もちろん、これは明恵の指図による。そして、箱の大きさから判断して、その中身は袈裟や仏具ではなく、おそらく経巻ではなかったか。

建永元年（一二〇六）六月一日、明恵がみた夢に出る、「銅を以て之を造れる宝具」を銅製の箱とすれば、『華厳宗目録』はその中に入っていた。『高山寺縁起』によると、善妙は「華厳擁護の誓ひ有るに依り、故に勧請」されたわけだから、金色の小箱の中に想定されるのは『華厳経』の巻物ではないだろうか。

このように、明恵がひとしくかかわった「義湘絵」から「善妙神立像」へと、善妙と小箱はかならずセットでえがかれ、彫像されている。

ところが、そればかりか、明恵がみた「善妙の夢」にも、先述のように小箱が登場しているのだ。その小箱は陶器づくりだが、内部に仕切りがしてあって、「両《ふた》つの亀の交合せる形」のものや、「唐女の形」のものが入っていた。そして、生ま身にかえった女をみて、弟子の十蔵房は「この女、蛇と通ずるなり」と言った、と。交合した二匹の亀といい、「蛇と婚《ま》ぎ合」った女といい、性的なものの象徴であることはいうまでもないだろう〈河合隼雄『明恵　夢を生きる』〈講談社+α文庫〉、一九九五年、三〇二ページ〉。しかも明恵は、「唐女」つまり善妙と「糸惜《いとおし》くせむ」、「御糸惜み有るべし」と、愛情の交換をしようとしている。陶器の小箱の中には、ただならぬものが内包されていたのだ。

しかし、明恵は夢のなかで、十蔵房からそのように指摘されたのを聞いて、内心、「蛇と婚ぎ合ふに非ず、ただ此の女人また蛇身あるなり」と否定する。そして、夢からさめて後、この女は善妙で、「善妙は龍人にてまた蛇身あり」、と夢解きをしている。龍人善妙が「義湘絵」にえがかれた護法龍であることはいうまでもない。つまり明恵は善妙を、セクシュアルなものの象徴から、「華厳擁護」の聖なる龍に転化したのである。

そして、こうした「善妙の夢」の合理的な解釈の延長上に、「義湘絵」の絵解きの場で明恵が尼たちに紹介した、「色欲不浄の境界《きょうがい》、久しくこれを捨てたり」という、善妙に対する義湘のセリフが出てくる。もちろん、これは尼たちに対する明恵自身の言葉でもあるわけだ。

あえて生硬な言い方をするなら、「善妙の夢」に出てくる小箱は、明恵の意識化されない欲望《リビドー》の表れだろう。これに対し、「善妙神立像」がささげ持つ、おそらく経巻の入った小箱は、「華厳宗沙門」明恵の宗教的立場を明示している。

「大蛇となりて男を追ふ」

ここで再度、時間軸にそって整理しておこう。

承久二年（一二二〇）ごろ――「義湘絵」制作もしくは制作中
承久二年五月二十日――「善妙の夢」
貞応二年（一二二三）――善妙寺建立
同　三年（一二二四）四月二十五日―善妙寺に「善妙神」勧請
嘉禄元年（一二二五）八月十六日――高山寺に別の「善妙神立像」奉安

このうち、「義湘絵」の制作年月は不明だが、先述したように「善妙の夢」より少しまえか、あるいは長大にして入念な絵巻物ゆえ、なお制作中だったかもしれない。

そして、この絵が完成してのち、善妙寺の尼たちに語った明恵の言葉が、以下にふたたび引用する「義湘絵」の詞書だった。

さきに述べたところと少し重なるが、さらにくわしく紹介しよう。原文は自問自答の形式をとっているが、絵解きの場で明恵と尼たちのあいだで交わされた実際の問答だった可能性が高い。その形にもどして引用しよう。

明恵は言う。

今、善妙、先には有染《うぜん》の貪心《とんしん》を発すと雖も、後には無染《むぜん》の愛心を発せり。

（善妙は以前には汚れたむさぼり心をもっていたが、のちには浄《きよ》い愛の心をいだくようになったのだ）

と。しかし、これを聞いた尼たちのなかから、つぎのような疑問が出された。たとい善妙が師たる義湘の高徳をいかばかり慕ったとしても、大龍となりて人を追う〔こと〕、いといと夥し。執著〔着〕の咎《とが》には非ずや。

（大龍と化して人を追いかけるなど、執着心のもたらす罪ではないでしょうか）

と。おそらくこのとき、尼たちは義湘と明恵を重ねていたにちがいない。だから善妙の執着は、自分たちと無縁ではなかったはずだ。物語では、善妙は龍となって義湘の船を背に負い故国にとどけたことになっているが、彼女たちは善妙の行動を男への未練・執着と受け取ったわけだ。

そこで明恵は、尼たちにも周知の話を引く。たまたまそれが、善妙の場合と似て非なる例だからだ。

かの男女《なんにょ》執着の道に熾盛《しじょう》の貪瞋《どんじん》に引かれて、〔女は〕大虵《だいじゃ》〔蛇〕となりて男を追ふためし聞こゆ。これは似ぬ躰《てい》の事なり。彼は煩悩の力に引かれて、実《げ》に虵《へび》とな〔る〕。執着の咎、最《もと》も深し。

（男女執着のむさぼりと怒りに引かれ、女は大蛇となって男を追った、という話がある。しかし、善妙の例はこれと似ているようで、そうではない。あれは煩悩によって蛇となったので、執着の罪がもっとも深い）

いうまでもなく、ある女が「大蛇となりて男を追ふ」話とは、かの道成寺説話にほかならない。この話は、紀州の道成寺が舞台だが、このころまでに京都あたりまでひろがり、多くの人の知るところとなっていたのだろう。

たしかに、女が蛇になるのと龍になるのとの違いこそあれ、僧を追いかける点で、道成寺説話と義湘・善妙の話はよく似ている。そのため、後者が日本に伝わり、前者として発展した、とする見方が以前からとなえられてきた。少し横道にそれるが、無視もできないので、この点にふれておこう。

道成寺説話

この説を最初に述べたのは、私の知るかぎり、一九二六年に執筆された高野辰之「道成寺芸術の展開」（『日本演劇の研究』第二集、クレス出版、一九七二年）であろう。

女人の執着といひ、化して大蛇となる所といひ、其の本が印度種であることには疑もあるまいが、直接に影響して、道成寺説話の生成に参与したものは新羅の華厳祖師に関する説話であると思ふ。

（一九七ページ）

かういふ人〔明恵〕の作と称せられ、かういふ人の開いた寺〔高山寺〕中に蔵せられた絵巻の説話が、此の人の故郷に伝播し、それが故郷に近い道成寺の古伝説に加味せられた、云々。（二一二三ページ）

しかし、上述したように、明恵が善妙寺の尼たちに義湘・善妙の物語を絵解きしたとき、道成寺説話はすでに都あたりでも有名なものとなっていた。だから尼たちはその話を思い浮かべ、明恵の方もそれを前提に両者の違いを指摘できたわけだ。したがって、明恵が京都から義湘・善妙説話を故郷の紀州に運び、その地で道成寺説話がいまみるような形になった、とする高野博士の説は成り立たないように思われる。

そもそも、道成寺説話の文献上の初出は、平安時代後期の長久年間（一〇四〇〜四四）に撰述された鎮源《ちんげん》の『大日本国法華験記』所収「紀伊国牟婁郡《むろのこおり》の悪しき女」である。そして、前掲した李杜鉉「義湘と善妙説話」は、高野説を補強するかたちで、〔道成寺説話の〕系譜のなかで最古の記録である法華験記（一〇四一）と宋高僧伝（九八八）とは半世紀のへだたりがあり（正確には五十三年）、法華験記の著者が宋高僧伝に接したであろう可能性はありうると思う。

と述べられた。しかし、既述のように、『宋高僧伝』が朝鮮半島に伝わったのは原著ができて約百年後、十一世紀の後半ごろらしく、日本への伝来はさらに遅れて十二〜十三世紀の交あたりと考えられる。日本にあっては鎮源の『法華験記』が先で、かなりたってから『宋高僧伝』が入ってきた、とみるのが妥当であろう。

さらにもう一つ紹介しよう。これもすでにあげたが、川村湊『補陀落―観音信仰への旅―』にいう。

元暁や義湘の伝説や説話的な物語が、そうした新羅留学僧によって日本にもたらされたと考えることは、それほど無理のない推測だろう。義湘と善妙との物語が、安珍・清姫の伝承へと変化してゆくことは、予測される範囲にあることがらといえるのだ。

（八三ページ）

文中の「新羅留学僧」とは、道成寺の本尊、千手観音の作者とされる義淵《ぎえん》（?〜七二八）の弟子たちで新羅への留学僧をさし、奈良時代後半の八世紀代、彼らが義湘・善妙説話をもたらした、と川村氏は推測される。ところが、この引用文のまえで同氏は、安珍《あんちん》・清姫《きよひめ》の物語は平安時代中期の延長六年（九二八）の成立とみなしているから、前者から後者が成立するまでに二百年ほどかかっていることになる。そもそも、川村氏著の後文（八三ページ）には『宋高僧伝』「義湘伝」の一部も引用されているが、同書の成立は何度もいうごとく九八八年のこと。前述したように、十世紀後半ごろまでに義湘・善妙説話は中国で成立したとみるべく、その成立を「八世紀代」の新羅に求めるのは矛盾してはいないだろうか。

これらの書物の成立を整理しておこう。

『宋高僧伝』「義湘伝」――北宋　九八八年
『法華験記』「牟婁郡の悪女」――平安後期　一〇四〇～四四年
「浮石尊者讃」――高麗　一〇四七～八三年
（朝鮮における義湘・善妙説話の初現）
『華厳宗祖師絵伝』「義湘絵」――鎌倉前期　一二二〇年ごろ

道成寺説話の成立、およびそれと義湘・善妙説話との関係については、すでに拙著『逃げる男・追う女―東アジアの説話半月弧―』（現代思潮新社、二〇一一年）で論じたので、ここでは再説しない。

本書のこの段階で問題にしたいのは、鎌倉前期の十三世紀前半、善妙寺において明恵と尼たちのあいだで上記のような問答がなされたころ、道成寺説話はどの程度熟成していたか、という点である。

ちなみに、主人公の男女を安珍・清姫というが、「安珍」の名がはじめてみえるのは鎌倉中期の『元亨釈書《げんこうしゃくしょ》』（一三二二年）で、いっぽう「清姫」の名にいたっては江戸中期、一七四二年初演の浄瑠璃「道成寺現在蛇鱗《うろこ》」にようやく登場する。

〈清僧〉対〈淫女〉の構図

さきほどふれたように、道成寺説話は平安後期の長久年間（一〇四〇～四四）、天台僧鎮源の手になる『法華験記』（以下、『験記』）に、「紀伊国牟婁郡の悪しき女」の名でのせられた。鎮源は日本浄土教の理論的基礎をきずいた源信《げんしん》（天台宗の学僧。九四二～一〇一七）の弟子にあたるが、道成寺においてすでに成立していたこの話を伝え聞き、六道抜苦《ろくどうばつく》の来世信仰の立場から筆を加えて、『法華経』の霊験あらたかなことを示す材料として同書に収めた。

このあと、道成寺説話がみえるのは『今昔物語集』（以下、『今昔』）で、「紀伊ノ国ノ道成寺ノ僧、法花《ほっけ》ヲ写シテ蛇ヲ救フ語《こと》」の名で収録されている。同書は平安末期の嘉承年間（一一〇六〜〇八）以後それほど降らない時期の成立と考えられている。つまり、『験記』より七十年ほど後ということになる。

いま『験記』と『今昔』の道成寺説話をくらべてみると、その継承関係は明らかだが、後者は前者に対し長短十七カ所の増補をほどこしている。このうち、後者にあってとくに強調されているのは、女性の愛欲心であろう。たとえば、冒頭に近い場面で、前者では、

ここに家の女、夜半《よなか》に若き僧の辺に至りて、衣を覆ひて僧に並び語りて言はく、云々。

（この家の女は、夜半に若い僧の寝床にしのんでゆき、僧と並び寝て言った、云々）

となっているのに対し、後者は、

此ノ家主《いへあるじ》ノ女《おむな》、宿《やどり》タル若キ僧ノ美麗ナルヲ見テ、深ク愛欲ノ心ヲ発シテ、云々。

（この家の女主人は、家に泊めた若い僧が美しいのをみて、強く愛欲心をおこし、云々）

とする。また、『今昔』の編著者が新たに加えた話末の部分にも、「悪《あしき》女《おむな》ノ僧ニ愛欲ヲ発」

す、という一句がある。そして、この話の終わりに近く、男を追って街道を走る蛇をみて人びとは「大キニ恐レヲ成」し、道成寺の僧らも「此ヲ恐」れたが、しかしこれよりまえ女に迫られたとき、若き僧は「恐レ迷」い、「彼ノ女ヲ恐レテ、（熊野参詣からの帰路、女の家に）不寄《よらず》シテ、忽《たちま》チ他ノ道ヨリ逃ゲ過」ぎようとした。つまり、男は女が化した蛇ではなく、それよりまえの女の愛欲心自体を恐れたのである。

このあと、道成寺説話にあっては、禁欲の清僧に対する愛欲心さかんな女といった構図が確立する。『今昔』の言い方を借りると、僧は「仏ノ誡メ」を守って逃げ、女は「愛欲ノ心」を猛《たけ》くして追いかけることになる。

ところが、『今昔物語集』は、江戸中期の享保年間（一七一六～三六）、井沢蟠龍《ばんりよう》が『考訂今昔物語集』を出すまで、長いあいだ一般に流布することがなかったらしい。いっぽう、『法華験記』については、鎌倉前期の一二三三年、東大寺の学僧宗性《そうしよう》が編んだ説話のダイジェスト集『弥勒如来感応抄』のなかに同書からの引用があり、「牟婁郡の悪女」もふくまれている。道成寺説話は、文献上の継承関係からいうと、『今昔』ではなく、『験記』をとおして伝えられた、とみてよいだろう。

そもそも東大寺には、奈良時代から写経所がもうけられ、大量の書物があつめられていた。ところで、わが明恵も、出家した十六歳から二十三歳ごろ、戒壇院で具足戒《ぐそくかい》（出家者の戒律）をうけたり、尊勝院で倶舎論《くしゃろん》を学ぶなど、東大寺と密接な関係をもった。また、そこで多くの書物を筆写している。こうした点からすると、かりに明恵が文献によって道成寺説話を知ったとするならば、そのころ東大寺に所蔵されていた『法華験記』をとおしてだった、と考えられる。もっとも、明恵は紀北の人だから、道成寺の話はとうぜん伝聞でも知っていただろうが。

このようにして、『験記』を読んだ可能性の高い明恵は、『今昔』によって定着した〈清僧の禁欲〉対〈女の愛欲心〉という構図とは無縁だったのだろうか。

明恵のときより百年ほどのち、元亨二年（一三二二）にできた虎関師錬《こかんしれん》の『元亨釈書』（以下、『釈書』）に、「釈安珍」の話が出てくる。これは『験記』「牟婁郡の悪女」を直接利用しつつ、同じように漢文で書かれているが、七三六字から五三五字へとよりコンパクトに、文章も漢文らしい漢文になっている。この点、『験記』に増補・文飾を加えて一八七三字、和文調をまじえたカタカナ訓読体の『今昔』の同説話にくらべると、「釈安珍」の話は文章上でも分量的にも、大きく相違する。ところが、こうした違いにもかかわらず、『験記』の「悪女」を『釈書』が「淫婦」と書き変えているのは、女の愛欲心を警戒すべきものとして強調する『今昔』の延長線上にあることを如実に示している。

著者の虎関師錬（一二七八〜一三四六）は、初期の五山文学を代表する詩僧にして、東福寺・南禅寺など臨済系名刹の住持をつとめた。寸暇を惜しんで刻苦勉励すること十五年、部門別かつ総合的な日本仏教史を完成させた。「釈安珍」のことは、僧伝のうち霊怪《れいかい》（不思議）な話として出てくる。

我はこれ緇服《しふく》、あに閨閤《けいこう》の徒ならんや。寡居の余情は非類に益《す》ぐ。また恥づべきなり。〈われは墨染の衣を着る僧侶であって、寝屋にいるような者ではない。空閨《くうけい》〈男のいない寝屋〉で懐く情欲は禽獣よりはなはだしい。恥ずべきことだ〉

安珍はこうした言い方で寡婦をこばむが、ここには虎関老師の肉声が込められていよう。このあと、「色欲」こそ「愛纏《あいてん》の業《ごう》」（愛欲執着の働き）のはなはだしきものとされ、「これを慎《つつし》めや、これを慎めや」とくり返されているが、おそらくこの言葉は『釈書』の読者、多くは僧籍にある者を念頭に発せられたものだろう。じっさい、平安末期以降、僧侶の堕落ぶりには目に余るものがあった。だから、『釈書』中のこの話は、『験記』のように「牟婁郡の悪女」が主役ではなく、「淫婦」の誘惑をしりぞけた「釈安珍」の伝になっているのだ。

このように、道成寺説話をみるかぎり、〈僧の禁欲〉対〈女の愛欲心〉といった構図は、

『今昔』から『釈書』へと引き継がれているようだ。

では、時間的に両書の中間にある明恵の場合はどうだったろうか。

「仏道の種子」

前掲の文、つまり絵解きの場で、明恵は善妙寺の尼たちの疑問に答える。「かの女」＝牟婁郡の寡婦は「煩悩の力に引かれて蛇とな」ったが、それは善妙の例とは異なる。しかし、善妙もはじめは「有染の貪心」をもっていたのだ。ところが、のちには「無染の愛心」に変わった。それは、善妙が「深く師（義湘）の徳を敬重し、仏法を信」じたからだ。「仏法を信ずる」ことによって、「染汚」な「親愛」も、精神的に純化された宗教的な愛＝「法愛」に変わりうるのだ、と。

このような明恵の考え方からすると、道成寺の寡婦も、契機さえあったなら、「法愛」への昇華が可能だった、ということになる。こうした見方は、虎関師錬による、さきほどの〝寡婦は空閨の情欲をいだくもの〟といった偏見とは、天と地ほどの違いがある。そもそも、「釈安珍」の話にあっては、女は仏道の修行をさまたげる否定的存在とみなされているのだ。

ちなみに、『今昔』では、「紀伊ノ国ノ道成寺ノ僧、法花ヲ写シテ蛇ヲ救フ語」というタイトルどおり、『法華経』の書写によって、「邪道」におちた僧と女は蛇の身を脱し、それぞれ兜率天《とそつてん》と忉利天《とうりてん》に往生することができた、と物語られている。『今昔』が拠ったところの『験記』の方も、これと同様である。明恵が道成寺説話を例として引いたとき、『験記』「牟婁郡の悪女」のこのような結末まで語ったかどうか。

しかし明恵は、話の要点として、菩提心つまり仏道にめざめ、真の道を求める心があるならば、煩悩を去ることができる、と説く。「義湘絵」に即していうと、善妙が義湘の「言葉を聞きて、忽ちに道心を発す」場面にあたるが、これは「義湘伝」の方にみえる「頓に道心を発す」にもとづいている。

そもそも菩提心を仏道の根幹にすえることは、明恵のゆるぎない信念であった。『自行三時礼功徳義』に、「凡そ仏法に入るには先づ菩提心を先とす」（仏法に入るには、悟りを求め仏道をおこなおうとする決心を最初とする）とある。これは、『華厳経』梵行品《ぼんぎょうほん》に、「初めて発心《ほっしん》する時、便ち正覚《しょうがく》を成ず《じょう》」とあるのによる。つまり、「初めてさとりの心を発するときに、たちまち仏のさとりを完成する」というのだが、それはどういう意味だろうか。

建暦二年（一二一二）のこと、法然が説いた専修《せんじゅ》念仏による極楽往生に対し、明恵は『摧邪輪《ざいじゃりん》』を書いて猛反発し、菩提心こそ「仏道の種子《しゅうじ》」（根本）だと主張した。鎌田茂雄

『華厳の思想』（〈講談社学術文庫〉、一九八八年）の文をそのままお借りしよう。

初めて仏道を求めようと発心するということは、自分自身のなかに、仏の声が聞こえたからである。仏なる種子が自分の過去世からずーっといままでまかれてきて、そうして、その種子が外にあらわれてきた。そして初めて発心ということが成り立つ。だから、発心ということは、すなわち成仏なのだといえる。（一一〇ページ）

善妙は義湘の言葉によって発心した。明恵はその典型的な例として、龍にまで化した善妙の物語を絵巻にえがかせ、さらには「華厳擁護」の「女神《によしん》」として善妙をまつったのである。

明達と禅恵

寛喜四年（一二三二）一月十九日、明恵上人、六十歳にて示寂。
この月の十日ごろから重篤におちいり、十一日に置文《おきぶみ》がさだめられた。高山寺の寺主として定真（五十九歳）、学頭に喜海（五十五歳）、知事に霊典（五十二歳）、説戒に信慶（五十六歳）・性実（五十五歳）の二人を指名。「すべて大事あらん時は、説戒列座の衆、和合して諸事、議定あるべきなり」（重要な案件があった場合、主だった者たちが集まって協議し、決定するように）と遺言された。

また、高山寺の別院にあたる善妙寺については、

善妙寺尼衆等の中、子細有るの人、往来すべき要事有らば、出京の如く用意し、一日の内に還来《かへりく》るべし、夜を経て宿るべからず、諸衆皆この旨を守らしめ給ふべし。（善妙寺の尼たちのなかで、洛中に出かける用事がある場合は、その日のうちに寺にもどるように。外泊してはならない。このことをよく守らせること）

と、同じく置文にみえている。洛中の実家に外泊するような尼もいたのだろうか。そういうことのないよう、しっかりチェックするべく申し渡されたのは、善妙寺の開基たる後述の禅恵（四十二歳）だったと思われる。

二十一日、葬儀。埋葬をおえると、弟子たちは高山寺禅堂院に明恵の肖像（成忍筆）をかけ、その画像のまえに経巻・香炉・硯箱・団扇《うちわ》など遺愛の品々をならべた。その後も二人の僧が、生前どおり近侍したという。

こえて七月八日、善妙寺では、高山寺尼経とよばれて現存する『六十華厳経』五十五帖（重要文化財）の書写が終わりに近づいた。とくに選ばれて写経にたずさわった尼衆は九名だが、そのうちの一人明達はみずからが分担した巻十二をおえると、寺の近くの清滝川に投身して、自死をとげた。

明達が最期に記した尼経には、「貞永元年七月八日未《ひつじ》時書写了」とあり、その夜命を絶ったのですが、自分のつとめを果した後、心静かに死を決したのでしょう、その筆跡には、いささかの乱れもなく、哀れというより、むしろ澄み切った心の安らぎが感じられます。（白洲正子氏前掲書、一六五ページ）

高山寺とも交渉があった幕末の学者・栗原柳庵（信充、一七九四〜一八七〇）の『題跋備考《だいばつびこう》』によると、このとき明達は「行年四十七」という。承久の乱のおり、父・宗之は六月十四日、宇治に出陣して戦死、夫・広綱も殺され、息子・勢多伽丸も六波羅で斬られた。勢多伽丸は世にまれな美少年で、明恵ともかかわりが深かった御室《おむろ》仁和寺の道助法親王（後鳥羽院の第六皇子）に稚児として寵愛されたが、累をこうむって六波羅に連行。北条泰時も罪のない少年を殺すのはしのびなかったが、諸般の事情から、やむをえず首を落とし

た。このとき法親王は、

埋木《うもれぎ》の朽ちはつべきは留まりて若木の花の散るぞ悲しき

（埋れ木のように朽ちはてるべきわが身は留まって、若木に咲く花が散るのはなんとも悲しいことだ）

と詠んだという。

しかし、父と夫ばかりか自慢の愛子まで前後して失った彼女こそ悲惨で、絶望のあまり桂川に身を投げようとした。さいわい人に救われて、高山寺に参じ、明恵のもとで出家得度。明恵が彼女をことさら憐れんだことは、一字をあたえて明達と名乗らせたことでもわかる。そして十年余、他の尼衆とともに善妙寺にあり、親しく明恵の教えをうけたが、尊師の死によって心が折れたのか、それとも、明恵なき後の善妙寺はもはや彼女の居場所ではなかったのか。いずれにもせよ、その自死は師の教えにそむき、みずから「仏道の種子」を断ったことになりはしまいか。

明達の入水が他の尼衆に大きな衝撃をあたえたことはたしかだが、じつはこのとき、『六十華厳経』の書写はまだ完成していなかった。写経は事件後もつづけられた。もっと

も遅く性明による二十五巻がなったのは同年十一月二日のことだが、それよりまえの九月二十七日、六十巻の奥書に、

貞永元年壬九月二十七日巳尅許り、書写し了《をは》んぬ。比丘尼禅恵。此の経の書写を為し奉るに力を功《いた》す。先師和尚悲知円満。生生世世受持して忘れず、在在所所随《つ》いて仕事《わざ》を遂ぐ。一々願念すれば必ず成就するを得ん。（葉上照澄氏による翻刻を訓読）

（一二三二年九月二十七日午前十時ごろ、書写し終わった。比丘尼禅恵。この経を書写するのに力を尽くした。明恵上人は慈悲ぶかく仏知をそなえ、円満なお人柄だった。いつまでもその教えを忘れず、どこでも仕事をつづける。心に強く念じたなら、かならず成し遂げることができよう）

とある。

禅恵は俗名を経子といい、右大臣藤原光俊のむすめで、権中納言藤原光親の妻。順徳院（後鳥羽院の皇子）の乳母《めのと》もつとめた。後鳥羽院の院司だった夫・光親は、承久の乱の謀臣として、承久三年（一二二一）七月二十三日、駿河の国で斬首。父・光俊は配流。順徳院も佐渡に流された。このとき三十一歳だった彼女は、夫の妾だった理証とともに剃髪し、

善妙寺に入った。奥書をしるしたときは、四十二歳だったという（前掲『題跋備考』）。もともと上流貴族の出で、右の奥書からもうかがわれるように高い教養の持ち主だった。

ちなみに、これより七年まえの嘉禄元年（一二二五）、高山寺の鎮守として白光・善妙二神が奉納された同月同日に、『八十華厳経』（唐代、シクシャーナンダ漢訳）が書写され、神殿の宝前にて開題供養されたが、第五十巻の奥書に、

> 願はくは此の恵業を以て生生世世大乗に値遇せんことを。在在処処聖人に随順す。菩薩を修得すれば、必ず群生を導かんのみ。権小僧都《ごんしょうそうず》行寛。
> （この書写の行いによって大乗の教えに達せんことを。いずこにあっても明恵上人に従わん。菩薩行をつうじて、衆生《しゅじょう》を救い導こう。権小僧都行寛）

とある。

生前、明恵は生き方の指針として、「人は阿留辺幾夜宇和《あるべきようわ》と云ふ七文字を持《たも》つべきなり。僧は僧のあるべき様、俗は俗のあるべき様なり」（人は「あるべきようわ」の七文字をモットーとすべきだ。僧尼は出家として、俗人は在家として、それぞれの在りようを生きるべし）（『明恵上人遺訓』）と述べていたが、右の奥書によると、禅恵や行寛は師の教えを忠実にま

もって生きた、ということができるだろう。

善妙寺の衰退

善妙寺についてふれた最後の文書は、創建から八十年をへた嘉元元年（一三〇三）十一月十四日、比丘尼円正《えんしょう》がのこした「善妙寺中尾坊置文」であるという（葉上照澄「高山寺の歴史と信仰」、前掲『古寺巡礼　京都・高山寺』、一〇八ページ）。

そもそも善妙寺が、「東は東峰を限り、西は砥《と》取山《とりやま》の峰尾筋を限り、南は大覚寺の堺の横路を限り、北は大道を限る」として四至《しいし》が定められ、そこでの「樵採・漁猟」が禁じられたのは、寛喜二年（一二三〇）の太政官牒（『高山寺文書』所引）によってだった。

それより七十三年後、円正の遺言状によると、四至内の坊領（僧坊の所有する領地）は成道《じょうどう》（覚弁）と後室比丘尼念恵《ねんえ》の遺領であるから、両人の遺志をまもるべしとして、こと細かな注意を示しているらしい。おそらく明恵の諱《いみな》高弁から一字をもらった成道覚弁は高山寺の僧、恵の一字をおそった念恵は円正の先輩格にあたる善妙寺の尼で、二人共同して善妙寺の寺領の管理者たる地位にあったのだろう。そして、円正の遺言状の受取り手がこのあと善妙寺をついだと思われる。

開基以下、歴代の庵主《あんじゅ》を推測すれば、左記のようになろうか。

禅恵――念恵――円正――（置文受領者）……

関連して、善妙寺にかかわるこの前後の事項を年代順にならべてみよう。

寛喜二年（一二三〇）――太政官牒により善妙寺の四至を設定

貞永元年（一二三二）――禅恵ら善妙寺尼衆によって『六十華厳経』書写（※明恵示寂）

建長五年（一二五三）――喜海『高山寺縁起』執筆（平岡善妙寺の条あり）

文永二年（一二六五）――境内に阿難塔建立（※明恵三十三回忌）

嘉元元年（一三〇三）――円正「善妙寺中尾坊置文」

しかし、この文書のあと、善妙寺の内側からの記録は途絶えてしまう。

約百六十年のちの応仁・文明の乱（一四六七～七七）のおり、高山寺は山名・細川の両勢力によって交互に占拠され、荒廃するにまかされたというから、峠下にある善妙寺の尼たちも、乱暴狼藉を恐れて一時的に避難したかもしれない。

このころから、本寺たる高山寺の寺運は傾き、諸堂は兵火で焼失したりしたが、江戸時代に入って復興のきざしがみえはじめた。しかし、別院の善妙寺はそのまま衰退にむかったらしい。

江戸時代の記録

ところが、江戸時代の一七〇〇年前後、じっさいに善妙寺に足を運んだ人物が二人あり、それぞれ貴重な見聞をのこしている。

その一人は、もと安芸の浅野家につかえた儒医・黒川道祐（?～一六九一）。職をしりぞいてのち、京に移り住んで、洛中・洛外をくまなく歩きまわり、探訪のたびごとに書きためたノートをもとに、詳細な山城国地誌『雍州府志』をあらわした。内容は京都の地理・沿革・寺社・土産・古跡と多岐にわたり、全十巻。貞享三年（一六八六）に刊行された。

善妙寺については、その巻五、寺院門葛野《かどの》郡にみえるが、同郡の高雄（尾）・槇尾・栂尾あたりの記述は、延宝七年（一六七九）十月十三日の調査行のおりのノート『北山三尾記《きたやまさんびき》』にもとづく。この紀行文は他の十二篇とともに道祐撰『近畿歴覧記』に収められており、いま野間光辰編『新修京都叢書』第十二巻（臨川書店、一九七一年）によってうかがうことができる（本章扉裏の図）。

当日の早朝四時、自宅を出発。御室仁和寺・平岡八幡宮をへて、高雄山神護寺・槇尾平等王院のあと、栂尾高山寺から洛中への帰りがけ、「一瀬村《いちのせ》」の「道行寺」と「石雲菴（慰樵菴）」の中ほどに、「善妙明神」の社《やしろ》があった。

一ノ瀬ニ建礼門院、大原草尾へ入御ノ前ニ、暫ク御座アリケリ。之ニ依テ、護法神善妙明神ノ前ヲ御所ノ口ト云フ。

（一瀬村には建礼門院が大原の寂光院に隠棲なさるまえ、しばらく滞在された。このため善妙明神社のまえを御所ノ口という）

さきほどの「道行寺」はいま導行寺、「石雲菴（慰樵菴）」は慰称寺として現存する。引用文中の「御所ノ口」は、ＪＲバスで行くと御経坂峠を下りかけたあたり、「山城高雄」の一つ手前のバス停の名前ともなっている。「善妙明神」のことは『北山三尾記』では、平清盛（一一一八～八一）の娘で高倉天皇の後室（未亡人）である建礼門院徳子（一一五五～一二一三）の出家とからめて述べているが、『雍州府志』巻三、神社門 葛野郡の方では、

善妙明神の社　栂《とが》の尾《お》　一《いち》の瀬《せ》村に在り。

（宗政五十緒校訂、〈岩波文庫〉、二〇〇二年）

と簡潔に記されている。奥殿町にある善妙寺とはかなり離れたところに、もう一カ所善妙明神の社があったことになる。

さて、このさき奥殿川にそった一条街道（周山街道）を南に下ってゆくと、われわれにとって問題の善妙寺があった。

梅ヵ畑ノ奥ニ善妙寺アリ。コノ所ハ尼寺ナリ。尼女ノ度縁ハ阿難始〔メ〕ラルルニヨリ、阿難ノ塔アリ。善明〔妙〕二神〔二は衍字ヵ〕ノ社アリ。

（梅ヶ畑の奥に善妙寺がある。ここは尼寺である。女の出家は阿難の介添えがあったから、ここには阿難塔が建てられている。善妙神の社もある）

善妙寺には善妙神の社があったと記しているが、それより強く印象にのこったのは阿難塔だったようだ。『雍州府志』巻五、寺院門　葛野郡の方に、

善妙寺　梅が畑にあり。元《もと》、栂《とが》の尾に属する所の尼寺也。……華厳の守護、善妙明神の社有り。故に善妙寺と号す。阿難尊者、始めて尼《に》を度《ど》す。故に尼寺に多くは阿難塔を建つ。斯の寺にも亦、斯の塔有り。故に、俗に寺の名を謂わず、直に阿難塔と称す。

（善妙寺　梅ヶ畑にある。もと栂尾にぞくする尼寺である。……華厳を守護した善妙明神の社があるので、善妙寺と称する。阿難尊者がはじめて女人を出家させた。それゆえ尼寺には多くの場合阿難塔を建てるが、この寺も例外ではない。一般には善妙寺とはいわず、阿難塔の寺と称している）

そもそも善妙寺の鎮守社として善妙神の社が置かれたわけだから、「善妙明神の社有り。故に善妙寺と号す」というのは説明の仕方が逆だろう。それはともかく、梅ヶ畑あたりでは、善妙寺という寺名よりも阿難塔の寺といった方が通りがよいという。いつしか「善妙」寺といった由来は忘れられ、尼寺だから「阿難」塔という捉え方が一般的になったのだろう。

そして黒川道祐は、〝この寺の尼たちの写経による華厳経が一部いま栂尾高山寺の宝蔵にあるが、女手《おんなで》によるとはいえその筆跡には非凡なものがある〟、と評している。道祐は、ついさきほど高山寺でみてきた『六十華厳経』についての印象を、ここに差し挟んでいるわけだ。

さらに、つづけて『雍州府志』巻五は、

明恵上人、斯の寺に附《ふ》する所の唐画十六羅漢の図、幷びに、此の寺境内の記、今は亡《な》し。惜しい哉《かな》。

（明恵上人がこの寺に託していた唐画十六羅漢の図および善妙寺境内の記は、いまは存在しない。惜しいことだ）

と述べている。前者は善妙寺に当初からあった「唐本十六羅漢像」のこと。善妙寺「境内の記」というのはいかなるものだったろうか。「惜しい哉」と言わざるをえないが、これらが以前お寺にあったと語ったのは、もちろん道祐がこのとき会った善妙寺の尼（たち）だったろう。道祐は、『北山三尾記』と『雍州府志』によって、善妙寺の存在のみならず、知られることのなかった情報をも提供してくれた。

江戸時代の善妙寺に関するもう一人の情報提供者は、釈白慧《しやくびやくえ》（一六四四?～一七一一?）である。俗名を坂内直頼《なおより》という。長く京に住んで山城の風土を愛し、延宝年間（一六七三～八一）以来、二十余年をついやして元禄十五年（一七〇二）に『山州名跡志』を完成させた。神社・仏閣、名所・旧跡の由来や縁起を述べたもので、全二十二巻。正徳元年（一七一一）に刊行された。

いま『新修京都叢書』第十八巻（光彩社、一九六七年）が『山州名跡志』（乾）にあてられており、そのなかに「善妙寺」・「阿難塔」・「善妙神の社」の項目を見出すことができる。貞享三年（一六八六）に刊行された『雍州府志』とくらべてみると、説明の仕方も文章も異なっている。二十五年まえの先行書を参照した可能性もないではないが、白慧師独自の著作といってよいだろう。ことに「善妙神の社」の説明で、

伝へテ云フ、此ノ神ハ華厳ノ守護神也。初メ女身ニシテ、新羅国ノ人也。此ノ経旨ヲ聴受スル故ニ、誓ツテ身ヲ投ジテ、護法ノ神ト成ル也。高祖《ママ》伝ノ第四、義湘伝ニ見ヘタリ。

（伝えによると、この神は華厳の守護神である。はじめは女身で、新羅の国の人だった。華厳の教えを聴いたため、海に投じて龍となり、護法の神となった。このことは『宋高僧伝』巻第四「義湘伝」に出ている）

と、善妙神の来歴を『宋高僧伝』巻第四「唐新羅国義湘伝」に求めているのは、『山州名跡志』が最初である。

それより重要なのは、善妙寺のある場所と仏殿の存在、阿難塔・善妙神の社の位置と方向を具体的に述べている点だろう。

梅畑《うめがはた》　平岡ノ西ニ在リ。又、善妙寺村ト号《なづ》クルハ、善妙寺在ルガ故也。
善妙寺　右同所民家ノ西ニ在リ。境地ハ東ヲ向ク。
阿難塔　仏殿ノ北ニ在リテ東ヲ向ク。
善妙神ノ社　右塔ノ北ニ在リテ東ヲ向ク。

上述したように、一条街道にそった梅畑村（のちの奥殿町）は善妙寺村ともいったが、それは善妙寺があったからで、寺は民家の西にあり、東つまり村の方を向いて立っていた。境内には仏殿（本堂）があり、その北側に阿難塔が、さらに塔の北に善妙神の社が、それぞれ東を向いて立っていた、と。いうまでもなく、じっさいこの地に足を運ばなかったら、こうした記述は不可能だったろう。釈白慧もまた貴重な見聞をわれわれにのこしてくれたのである。

では、その後、善妙寺はどうなったか。

『雍州府志』によれば、同寺が所有していた「唐画十六羅漢の図」はいまはないという。善妙寺がこれを売ってお金に換えたとまでは断言できないが、「境内の記」もないということからすると、すでにして寺勢の衰えを感じさせる記述である。また、地元では善妙寺の名より阿難塔の寺といった方が通りがよいと述べているが、これも寺自体の存在感が薄れていることを想像させよう。

そのあと、釈白慧のころまで、善妙寺の境内には仏殿と阿難塔と善妙神の祠があったことはたしかである。このうち、阿難塔と善妙神の祠は明治以後も曲折をへて現存するが、仏殿（本堂）の方は江戸末期までには廃滅してしまっている。

その後の善妙寺

そもそも、善妙寺村を中心とした梅ヶ畑の村々は、山地ゆえ産業には恵まれず、江戸時代、菖蒲御輿《みこし》や材木の献上、柴薪の調進、大嘗会《だいじょうえ》のさいの警護役などにより、他の諸役を免除されていた。いっぽう、家計をたすけるため、女たちは北山杉の残り木で作ったハシゴや踏み台、特産の薪炭、砥取山の砥石などを頭にのせて行商に出た。紺木綿の着物に三幅前垂れ、手拭いをかぶり、お歯黒染めという独特の出で立ちの彼女らは、洛中では「畑《はた》の姨《おば》」とよばれた。庵主さまのおわす善妙寺は、こうした「畑の姨」らの心の拠り所だったかもしれない。

しかし、江戸時代をつうじて寺勢はますます衰え、江戸末期までには無住となり、ついには仏殿の建物も朽ち果ててしまった。けっして豊かとはいえない山村の尼寺が生きのびるのは、容易ではなかったのだろう。

かくして善妙寺の本堂は江戸末期までには廃滅し、明治初年には阿難塔と善妙神の社をのこすだけとなっていた。

阿難塔については、前述のように廃仏毀釈の難をさけて土中に埋められていたが、一九六五年、高雄小学校（旧称…梅ヶ畑小学校）の増改築のおり発見され、為因寺に移された。ちなみに、同小学校は奥殿町中心部の西側に位置していて、まさしく『山州名跡志』のいう「善妙寺」は「民家ノ西ニ在リ」という記述と符合する。

また、同じく境内にあった善妙神の社は、神サマだから廃仏毀釈をまぬがれていたが、明治四十二年（一九〇九）、同小学校が新築されたとき、いまの場所、つまり国道一六二号線ぞいの傾斜地に移されたという（高雄小学校百周年記念誌『郷土のあゆみ』引用、竹村俊則『昭和京都名所図会』〈四〉、洛西、駸々堂、一九八三年、一六一ページより）。

このような経過をたどって共に善妙寺の旧境内から移されてきた阿難塔と善妙神の社は、いま国道をはさんで、谷間の為因寺と崖の斜面に少し離れて立っている。

「善妙神立像」の方は、高山寺に奉安されてより約八百年間、ずっと寺内に蔵されてきた。しかし遺憾ながら、私はまだ実物を拝観する機会がない。

基本文献

・高弁（明恵）、長円記、田中久夫校注『却癈忘記』（『鎌倉旧仏教』〈日本思想大系〉十五、岩波書店、一九七一年）

・『明恵上人夢記』・『明恵上人歌集』・『梅尾《とがのお》明恵上人伝記』・『梅尾明恵上人遺訓』（久保田淳・山口明穂校注『明恵上人集』〈岩波文庫〉、一九八一年）

・高信『高山寺縁起』・喜海『明恵上人神現伝記』・喜海『高山寺明恵上人行状（仮名行状）』・隆澄（高信加筆）『高山寺明恵上人行状（漢文行状）』（高山寺典籍文書綜合調査団編『明恵上人資料』第一、東京大学出版会、一九七一年）

・一然、朝鮮史学会編『三国遺事』国書刊行会、一九二八年

・金富軾、朝鮮史学会編『三国史記』国書刊行会、一九二八年

・井上秀雄訳注『三国史記』1〈東洋文庫〉、平凡社、一九八〇年

・円仁、足立喜六訳注、塩入良道補注『入唐求法巡礼行記』1・2〈東洋文庫〉、平凡社、一九七〇年

・賛寧『宋高僧伝』上・下〈中国仏教典籍選刊〉、中華書局、一九八七年

・黒川道祐、宗政五十緒校訂『雍州府志』上〈岩波文庫〉、二〇〇二年

・黒川道祐『近畿歴覧記』（野間光辰編『新修京都叢書』第十二巻、臨川書店、一九七一年）

・釈白慧『山州名跡志』乾（『新修京都叢書』第十八巻、光彩社、一九六七年）

あとがき

はじめて単独の一般書『歴史の霧の中から』を書いたのは、はるか昔の熊本時代のことで、福岡の葦書房から出してもらった。当時そこには、九州で名出版者といわれた故・久本三多氏がおられた。ところがこの人、酒のうえでの奇癖があって、何か気に食わぬことがあると、靴をぬいでポカリとやる（真偽不明）、とかねがね噂されていた。すでにして伝説中の人物だったわけだが、そんな豪傑（じつは長崎生まれの優さ男）からすると、苦心の末つけた拙著のタイトルも「やわ」にみえたようで、別案もお持ちだったらしい。こういう背景があったから、出版後、熊本の「カリガリ」（面々がつどった伝説の酒場）で飲んだとき、内心びくびくものだった。

大阪に移って二十年ほどして、二番目に『逃げる男・追う女』を上梓した。悪くないネーミングだと思ったが、京都大学東洋史学の正統をもって任ずる某大学名誉教授に一本を献呈したところ、「手堅い学究であるはずの大兄が」、と「訝」かった。「もっと別のタイトルがつけられなかったものか」と、きついお叱りを受けた。（たしかに私にはベタなところがないではない）。

そして今回、近江湖北の終の棲家で書いたのが、『明恵と龍になった女』。これも苦心の題名だが、前二著のごとき余計な思わせ振りがないだけましだろうか。
ちなみに当今、本はタイトルが七割、人は見た目が九割らしい。それなら中味で勝負、といきたいところだが……。

二〇一九年一月

著　者

谷口　義介（たにぐち　よしすけ）

1943年生まれ
立命館大学大学院文学研究科（修士課程）修了、博士（文学）
研究分野――東アジア古代史・日中比較文化
㈶滋賀県文化財保護協会をへて、熊本短期大学教授・摂南大学教授を歴任
現在――中国芸文研究会顧問
著書：『中国古代社会史研究』（朋友書店、1988年）
『歴史の霧の中から』（葦書房、1990年）
『逃げる男・追う女―東アジアの説話半月弧―』（現代思潮新社、2011年）
共著：『北近江の遺蹟』（サンブライト出版、1986年）
『白川静の世界』Ⅲ（平凡社、2010年）
『生命体「黄河」の再生』（京都大学学術出版会、2011年）
『白川静を読むときの辞典』（平凡社、2013年）
『いのちの妙用（はたらき）』（あうん社、2015年）

明恵《みょうえ》と龍になった女

二〇一九年四月二五日　初版第一刷発行

著　者　谷口義介
発行者　西村明高
発行所　株式会社　法藏館
京都市下京区正面通烏丸東入
郵便番号　六〇〇-八一五三
電話　〇七五-三四三-〇〇三〇（編集）
〇七五-三四三-五六五六（営業）

装幀　佐藤篤司
印刷・製本　中村印刷株式会社

ISBN 978-4-8318-5649-4 C0015